다락원
명작노트
013

KB166881

멋진
신세계

Brave New World

올더스 헉슬리

다락원 WILEY
Publishers Since 1807

세계의 교양을 읽는다

고전을 왜 읽는가?

인간의 삶과 세상에 대한 영원한 물음이 있기 때문이다. 시대와 사상을 뛰어넘어 지금 여기 우리에게 필요한 물음이 없는 고전은 더이상 고전이 아니다. 인간과 삶에 대한 근원적인 물음 없이 고전을 읽는다면 자신과 인간에 대한 성찰과 지혜로 이어지지 않는다. 논술 시험 때문에, 과제물 때문에, 아니면 남들이 읽으니까, 나도 읽는다는 식이라면 그 책은 죽은 책일 수밖에 없다.

고전을 살아 있는 책으로 만드는 이 '물음!'에 답하기 위해서는 좋은 길잡이가 필요하다. 40년 이상 미국의 고교생과 대학 주니어들이 시험, 에세이 작성, 심층토론 준비를 위해 바이블처럼 애용해온 'CliffsNotes' 와 'SPARKNOTES'는 바로 그런 좋은 길잡이의 표본이다. 이 두 시리즈가 원조 논술연구모임인 '일이관지(一以貫之)' 팀의 촌철살인적 해설을 곁들여 〈다락원 명작노트〉로 재탄생해 논술로 고민중인 대한민국 학생 여러분을 찾아간다.

CliffsNotes와 SPARKNOTES의 가장 큰 장점은 방대하고 난해한 고전을 Chapter별로 요약하고 분석해서 원전의 내용에 보다 쉽고 체계적으로 접근하는 신속·간편성이라고 할 수 있다. 여기에 '一以貫之'팀이 원전의 중요한 문제의식, 즉 근원적 '물음'은 무엇이며, 그 '물음'은 오늘날에도 여전히 유효한가, 라는 질문을 다시 던진다.

대입논술로 고민하고, 자칭 타칭의 고전이 넘쳐나는 오늘의 독서풍토에서 지적 정복이 긴박한 대한민국 학생들에게 감히 이 시리즈를 자신 있게 권한다.

一以貫之 논술연구모임 연구실장 이호곤

CliffsNotes와 SPARKNOTES는 방대한 원작을 보다 쉽게 이해할 수 있도록 돕는 안내서입니다. 원작 이해를 돕기 위해 작가와 작품에 대한 배경 지식, 그리고 매 장마다 간단한 '줄거리'와 '풀어보기'가 실려 있습니다. '줄거리'를 통해서는 원작의 내용을 명쾌하게 파악함으로써 독서의 즐거움을 느낄 수 있을 것입니다. '풀어보기'에는 원작에 담긴 문학적 경향, 등장인물의 심리상태, 시대상, 주제 등을 설명해 놓았습니다. 비판적 글읽기의 바탕이 되는 요소들이죠. 비판적 글읽기는 소설과 비소설 작품을 막론하고 책을 읽을 때 꼭 필요한 자질입니다.

그 밖에도 작품을 좀더 심오하게 분석할 수 있도록 '마무리 노트', 'Review' 등을 마련해 놓아 독자 여러분의 글읽기를 돕고 있습니다.

CliffsNotes에는 특히 관심을 갖고 읽어야 할 필수요소를 강조하기 위해 다음 네 가지 아이콘을 사용하고 있습니다.

 작품 속에 내재된 주제를 드러내줍니다.

 등장인물의 속내를 알 수 있도록 도와줍니다.

 배경, 분위기, 열정, 폭력, 풍자, 상징, 비극, 암시, 불가사의 등의 요소를 밝혀줍니다.

 단어와 문구의 미묘한 느낌을 감상할 수 있도록 해줍니다.

* 〈　〉는 장편소설, 중편소설, 논픽션, 시집. " "는 수필집, 단편소설

ㅇ 일이관지(一以貫之) 논술 노트

권말에는 一以貫之 논술팀에서 작성한 논술 노트가 실려 있습니다. 원작을 우리의 삶과 연계시켜 비판적 사고와 논리적 글쓰기의 방향을 제시합니다.

ㅇ 실전 연습문제

실전 연습문제를 통해서는 원작을 바탕으로 출제 가능성이 높은 논점을 함께 숙고해 봅니다.

작가노트

어린 시절

올더스 헉슬리 Aldus Huxley는 1894년 7월 26일 영국 서리 주의 작은 마을 고달밍에서 작가이자 편집자, 교사였던 아버지 레너드 헉슬리와 역시 교사 출신인 어머니 줄리아 아놀드 사이의 셋째 아들로 태어났다. 헉슬리는 유명한 작가, 과학자, 교육자를 많이 배출한 훌륭한 가문에서 성장했다.

올더스가 태어날 즈음, 헉슬리 가문 사람들과 친척들은 이미 빅토리아 시대의 문학계와 철학계에서 주목받고 있었다. 올더스 헉슬리의 할아버지 T. H. 헉슬리는 찰스 다윈의 진화론을 대중에게 소개하고 "불가지론(不可知論)의"란 신조어를 창안한 인물로, 19세기에 널리 인정받은 생물학자였다. 그의 저술은 당시 과학과 종교에 대한 논쟁을 더욱 가열시켰으며, 그 테마는 나중에 손자인 올더스의 상상력을 사로잡는다.

헉슬리의 어머니는 시인이자 수필가인 매튜 아놀드의 조카딸이었다. 매튜는 근대의 도덕적 투쟁과 종교적 문화의 후퇴를 역설했다. 매튜의 아버지 토머스 아놀드는 럭비 스쿨의 교장으로 재임하는 동안 헌신적으로 교육에 임했다. 따라서 올더스는 과학, 종교, 교육에 대한 진지한 생각이 가득한 집안 분위기에서 성장했다.

'할아버지 선생님'이라고 불리던 T. H. 헉슬리의 기대에 부응하는 것은 올더스를 포함하여 이 집안 아이들에게는 조금도 한눈을 팔 수 없게 만드는 힘겨운 일이었다. 학문적 · 직업적으로 탁월한 성적을 올려야 하는 것은 당연했고, 여기에는 어떤 변명도 용납되지 않았다. 아마 올더스의 형 트레베넌이 자살한 것도 가세의 몰락 외에 이런 심리적 압박감이 복합적으로 작용했는지도 모른다.

올더스는 열여섯 살 때 갑자기 각막염을 앓아 시력이 나빠지면서 결과적으로 출세의 가능성을 거의 상실했다. 다행히 수술로 시력은 어느 정도 회복되었지만, 평생 눈질환으로 인한 합병증에 시달렸다.

교육

집안의 다른 모든 아들들처럼 헉슬리는 유명한 이튼스쿨과 옥스퍼드 대학교의 발리올 컬리지에 다녔다. 그의 학력은 부유한 명문가 출신 남자들이 선호하는 길로, 권력지향적인 영국 특권층의 행로를 상징한다. 그들은 실제로 굉장히 총명하기도 했다. 헉슬리는 물론 그들 중 최고 학생에 속했다. 눈병으로 인한 시력저하 때문에 처음 선택한 의학분야로 진출하지 못했지만, 돋보기의 힘을 빌어 엄청난 양의 독서를 하며 문학연구에 몰두해 1915년 영문학 분야에서 최고 성적으로 졸업했다.

헉슬리의 학력에서 비공식적임에도 불구하고 매우 중

요한 부분은 오톨라인 모렐 부인이 개최하는 사교모임에 정기적으로 참석한 경험이었다. 이 모임은 당대의 문학, 미술, 정치계의 많은 개혁가들과 실험주의자들이 만나 토론하는 장이었다. 헉슬리는 여기에서 버지니아 울프*, 존 메이너드 케인즈**, 버트란트 러셀***과 클라이브 벨**** 등과 교류했다. 이처럼 헉슬리가 일찍 접한 다양하고 진보적인 집단의 사상은 나중에 그의 세계관은 물론, 저술활동에도 커다란 영향을 끼쳤다.

사회생활

헉슬리는 옥스퍼드 대학교에서 학위를 받은 후 교사가 되어 이튼스쿨로 돌아왔다. 그가 가르친 학생 중에는 나중에 '조지 오웰'이란 필명으로 〈1984년〉, 〈동물 농장 *Animal Farm*〉 같은 고전들을 발표한 에릭 블레어도 있었다.

1919년부터 1921년까지는 아테나이움*****이라는 런던의 잡지사에서 편집자로 일했다. 이 잡지는 당시 가장 유명한 간

---

* **버지니아 울프**(A. Virginia Woolf. 1882-1941): 영국 소설가 · 비평가. 〈델러웨어 부인〉, 〈등대로〉 등.

** **존 메이너드 케인즈**(John M. keynes. 1883-1946): 영국의 경제학자. 〈(고용 · 이자 · 화폐에 관한) 일반이론〉 등.

*****버트란트 러셀**(Bertrand Russel. 1872-1970): 영국의 논리학자 · 철학자 · 수학사 · 사회비평가. 〈철학의 제문제〉 등.

**** **클라이브 벨**(Clive Bell. 1881-1964): 영국의 예술 평론가.

***** **아테나이움**(Athenaeum): 아테네 신전, 학술진흥회라는 뜻.

행물 중 하나였다. 헉슬리는 또 1924년 전업 소설가이자 수필가로 나서기 전까지 배너티 페어와 보그 같은 잡지에도 글을 기고했다.

저술활동

헉슬리가 처음 발표한 작품은 20대 초반에 써놓은 시를 모아 펴낸 〈불타는 수레바퀴 *Burning Wheel*〉(1916)라는 시집이었다. 프랑스 소설가 마르셀 프루스트는 헉슬리의 초기 작품들에 대해 칭찬을 아끼지 않았고, 헉슬리는 평생 시인의 길을 가야 할 운명에 놓인 듯했다. 그러나 첫 두 작품 〈크롬 옐로 *Crome Yellow*〉(1921)와 〈광대춤 *Antic Hay*〉(1923)의 발간을 통해 허세로 가득 찬 식자층의 이면 생활을 해학적으로 파헤치는 기록자로 떠올랐다.

그 후 헉슬리는 〈연애대위법 *Point Counter Point*〉(1928)으로 풍자작가로서의 입지를 더욱 확고하게 굳혔다. 이 소설은 사회에서 일반적으로 받아들여지는 가치의 붕괴 과정을 신랄하게 분석하고 있다. 그 후속으로 나온 작품이 또 하나의 풍자 소설이자 그의 대표작 〈멋진 신세계〉(1932)다.

〈멋진 신세계〉도 그가 앞서 발표한 소설들처럼 일종의 '이념 소설'이다. 즉, 작가가 탐구하고 싶어 하는 주제가 작품의 핵심을 차지하고 있으며, 그것이 인물의 성격묘사뿐 아니라 행동도 규정한다. 〈멋진 신세계〉 역시 친숙한 조롱조의 서술형식을 그대로 답습하고 있으며, 사회에 강력하게 뿌리내리고 있으나 거의 검증되지 않은 신념의 부조리를 독자들에게 폭로한다.

이 작품은 헉슬리의 인생에서도 일대 전환점을 기록한다. 〈멋진 신세계〉의 배경으로 전작들에서 단골로 등장했던 시골집이나 도시의 집이 아니라 미래의 런던을 선택한 것을 보면, 일종의 '마음의 틀'에서 탈피한 듯하다. 〈멋진 신세계〉에서 헉슬리는 악의 문제를 과거보다 훨씬 더 진지하게 다루고 있다. 이 위대한 풍자작가는 그사이 사회 철학자로 진화한 것이다.

〈멋진 신세계〉를 발표한 후 영국을 떠나 아내 마리아와 처음에는 〈멋진 신세계〉에서 야만인 보호구역으로 묘사되는 뉴멕시코에서, 나중에는 캘리포니아에서 살았다. 그는 캘리포니아에 살 때 받은 눈 수술 덕분에 시력을 크게 회복했다.

헉슬리는 새로운 보금자리에서 신비주의에 대한 연구와 실천에 몰두한다. 그의 새로운 철학관은 신작 〈가자에서 눈 멀어 Eyeless in Gaza〉(1936)에 잘 드러나 있다. 이 작품은 제2차 세계대전을 앞둔 시점에서 반전론을 주창하고 있다.

〈여러 해 여름이 지난 뒤 백조 죽다 After Many a Summer Dies the Swan〉(1939)는 물질만능주의의 공허함을 역설하고 있다. 헉슬리의 작품들은 그 후 점점 더 신비주의를 옹호하는 쪽으로 기울었고, 초기 작품에서 나타난 강렬한 풍자의 색채는 거의 사라진다. 〈영원의 철학 The Perennial Philosophy〉(1945)과 〈지각의 문 The Doors of Perception〉(1954) 등은 환각제 사용을 포함한 자신의 관심사를 비소설적 기법으로 표현한 작품들이다.

헉슬리는 로스앤젤레스에서 현대의 고전인 〈제인 에어〉, 〈오만과 편견〉, 〈이상한 나라의 앨리스〉 등의 영화 각본을 집필했다. 그리고 소설도 계속 발표했는데, 그 중 핵전쟁 이후의 로스앤젤레스를 그린 미래 소설 〈유인원과 본질 Ape and Essence〉(1948)이 유명하다. 〈연로한 명사 Grey Eminence〉(1941), 〈루둔의 악마들 The Devils of Loudon〉(1952)에서는 역사적인 사건들을 통해 이른바 체계적인 종교의 위선을 파헤친다. 또한, 이 시기에는 소설과 각색 외에 각종 자서전, 수필 및 기타 논픽션 작품의 집필과 기획에 몰두했다.

헉슬리의 마지막 소설 〈금지된 섬 Island〉(1962)에서는 〈멋진 신세계〉에서 한때 진지하게 탐구했던 주제인 미래 세계로 되돌아간다. 이 소설에서는 미래에 대한 긍정적 청사진을 제시하려 했지만 독자의 기대에는 부응하지 못했고, 이어 〈멋진 신세계〉의 주제를 다룬 에세이 시리즈 〈다시 찾은 멋진 신세계 Brave New World Revisited〉를 발표하기도 했다. 이 작품에서는 미래(및 현재)의 사회적 난제를 더욱 성공적으로 고찰하고 있다.

헉슬리는 1963년 11월 22일 캘리포니아에서 암으로 세상을 떠났다. 그의 작품들, 특히 〈멋진 신세계〉는 지금도 큰 인기를 누리고 있지만 그의 죽음은 당시 언론의 주목을 거의 받지 못했다. 존 F. 케네디 대통령의 암살로 인한 충격이 미국 전역을 뒤덮었기 때문이었다.

명예와 상

헉슬리는 〈여러 해 여름이 지난 뒤 백조 죽다〉라는 작품으로 1939년 에딘버러 대학교에서 소설 부문의 제임스 타이트 추모상을 수상했다. 1959년에는 미국 문예예술원으로부터 특별공로상과 금상을 수상했고, 캘리포니아 대학교에서 명예 문학박사 학위를 받았다. 세상을 떠나기 1년 전에는 영국 왕립문학협회로부터 문학 훈작사 작위를 받기도 했다.

작품
노트

헉슬리는 두 차례의 세계대전 사이, 즉 제1차 세계대전의 격변기가 끝난 후부터 제2차 세계대전이 발발하기 전에 〈멋진 신세계〉를 썼다. 영국 사회는 공식적으로는 평화로웠으나 이른바 '대전쟁(1차 대전)'이 낳은 사회적 피해는 점점 뚜렷이 드러나고 있었다. 헉슬리를 비롯한 당대의 문인들은 국민 감정의 변화, 오랫동안 당연시되었던 사회적·도덕적 전제들에 대한 문제 제기, 그리고 계층 간 또는 양성 평등을 향한 사회적 움직임 등에 관해 글을 썼다.

역사적 배경

러시아 혁명과 해외에서 일어나는 대영 제국에 대한 끊임없는 도전을 계기로 세계적 규모의 변화가 일어날 가능성이 농후해졌다. 국내에서는 자동차, 전화, 라디오 등이 대량생산을 통해 대중화됨으로써 일상생활에 혁명적인 변화가 일기 시작했다. 이런 새로운 과학기술 덕분에 지역 간의 거리는 갑자기 좁혀졌고, 진정한 의미에서의 사생활은 점점 귀해졌다. 산업화된 사회의 주민들은 이런 진보를 환영했지만, 한편으로는 그 과정에서 상실해가는 친숙한 생활방식과 나아가 자아에 대해 걱정을 했다. 〈멋진 신세계〉가 묘사하듯이 속도는 빠르지만 무의미한 일상이 반복되는 악몽의 세계는 1920년대와 1930년대의 사회를 광범위하게 휩쓸었던 이런 우려를 반영하고 있다.

　이 시기는 또 전통적 도덕관념에 대한 새로운 의문점, 특히 성(性)문제와 관련하여 많은 의문점이 제기된 시기이기도 하다. 옷이나 언어는 물론, 특히 소설은 사람들의 성생활에서 여성과 남성에게 공히 훨씬 더 관대한 태도를 취했다. 어떤 사람들은 이런 변화를 진정한 개인적 자유의 시작으로 열렬히 환영했지만, 이런 사태를 문명 자체의 종말로 비난하는 사람들도 있었다. 헉슬리는 이 문제를 특유의 해학으로 풍자의 재료로 삼았으며, 이 소설에서 성적으로 문란하지 않다는 이유로 비난받는 젊은 레니나라는 이미지를 창조했다. 성의 법칙은 변할 수 있으나 전통의 힘은 여전히 강하다고, 그는 독자들에게 말한다.

　〈멋진 신세계〉는 미래 세계가 배경이지만, 당대의 사상을 반영한 소설일 뿐이다. 헉슬리는 엄청난 변화의 시대를 맞아 당시의 모든 우려할 만한 경향들이 끔찍한 결과를 빚어낸 세계를 창조한 것이었다. 예컨대, 1920년대에 일어났던 사회주의 운동은 헉슬리가 그린 미래 세계에서는 전체주의적인 ‘세계 국가’로 변신한다. 마찬가지로 종교적 믿음에 대한 회의와 물질주의의 성장은 헨리 포드를 신으로 섬기는 소비주의라는 종교로 탈바꿈되어 있다. T모델의 승용차가 조립생산 라인에서 수초마다 한 대씩 뽑아져 나와 똑같은 차량의 홍수 속에 합류하듯이, 미래에는 인간들도 대량생산될 것이라고 암시한다.

헉슬리가 그린 미래에서는 친숙하고 전통적인 생활이 종말을 고하고, 현대 세계에 등장한 새롭고 이상한 것이 모두 승리하는 것으로 그려져 있다.

유토피아 소설

헉슬리는 상상의 세계를 창조하면서 유토피아 소설이라는 오랜 전통의 형식을 살렸다. 유토피아는 '없는 곳' 또는 '좋은 곳'을 뜻하는 그리스어에서 유래했는데, 토머스 모어의 작품인 〈유토피아 *Utopia*〉(1516)에서 처음으로 사용되었다. 이 작품은 한 상상의 나라를 허구의 이야기로 묘사한 작품이다. 그 나라의 특징들은 여러 면에서 모어가 살았던 당대와 비유될 정도로 흡사하다. 모어는 유토피아라는 허구의 세계를 사용하여 당시 현존했던 여러 문제점들을 지적했다. 그 후, 많은 작가들이 독자들에게 자기 문화의 바탕에 깔려 있는 사회적 전제들을 다시 생각해 보도록 요구하는 장치로 여러 유토피아들을 창조했다. 〈걸리버 여행기 *Gulliver's Travels*〉(1726)는 얼핏 보면 기이한 여행 이야기를 담은 작품 같지만 조너선 스위프트는 작중화자를 통해 당시 영국에 만연했던 부정(不正)을 꾸짖는 진지한 주장을 하기 위해 역설적으로 허구 세계를 도입한 것이다. 이처럼 유토피아 소설에서 상상은 정치적·사회적·종교적 삶에서 대안을 모색하는 하나의 방편이다.

헉슬리의 시대에 유토피아 소설 분야에서 가장 유명했던 작가는 〈타임머신 *Time Machine*〉(1895), 〈우주전쟁 *The War of the Worlds*〉(1898), 〈현대의 유토피아 *A Modern Utopia*〉(1905) 등의 많은 소설을 발표한 H. G. 웰즈다. 웰즈는 세계주의자의 관점을 지녔던 인물로 미래에 대해 낙관적인 견해를 갖고 있었다. 따라서 그가 그린 여러 유토피아에서는 국가간 단절이 종말을 고하고, 진정한 인류 문명이 성장한다. 헉슬리는 웰즈의 〈신과 같은 인간 *Men like Gods*〉(1923)을 읽고, 그 책에 담긴 낙관주의를 자신만의 역설적인 풍자로 조롱하고 싶은 유혹을 받았다. 이렇게 한 작품에 대한 패러디로 시작된 것이 하나의 완전한 소설, 〈멋진 신세계〉로 탄생했다.

헉슬리의 소설에 묘사된 멋진 신세계는 결코 '좋은 장소'가 아니며, 엄격한 의미에서 유토피아라고 할 수 없다. 헉슬리 자신은 그 세계를 전통적 유토피아와 반대되는, '부정적 유토피아'라고 불렀다. 독자들은 또 헉슬리가 묘사한 세계나 기타 유사한 세계를 '나쁜 장소'를 뜻하는 '디스토피아 dystopia'라고 불렀다.

헉슬리의 어두운 미래관은 소설문학에 새로운 지평을 열었으며, 낡고 전통적인 유토피아 소설 형식에 현대적인 분위기를 가미함으로써 새로운 관심을 부활시킨 듯했다. 조지 오웰의 〈동물농장〉과 〈1984년〉은 바로 선배격인 〈멋진 신세계〉의 에너지와 의미를 토대로 나온 작품이었다. 공상과학 작가인 레이 브래드베리 역시 〈화씨 451도 *Fahrenheit 451*〉(1950)에서 문학이 없는 미래의 세계를 그렸다. 그것은 헉슬리의 이 작품에 나오는 무스타파 몬드 총재가 틀림없이 좋아할 반(反)이상향의 세계라고 할 수 있다.

1960년대에 앤서니 버제스는 〈시계 태엽장치 오렌지 *A Clockwork Orange*〉에서 나름대로 상상한 미래의 런던 모습을 그리면서, 헉슬리가 도입한 통제사회와 자아의 상실이라는 테마를 다시 한 번 다루었다. 또 과학과 기술에 대해 헉슬리가 품었던 불안감은 심지어 토머스 핀천의 〈중력의 무지개 *Gravity's Rainbow*〉(1973)에서도 그대로 되풀이되었다. 이 작품에서 주인공 같지 않은 주인공은 제2차 세계대전 때 V2 로켓의 폭격을 받는 와중에 런던 시내를 배회하다 사회적(그리고 성적)으로 조건반사화된 자신의 어두운 과거를 발견한다.

소설의 구조

헉슬리는 소설을 구성하는 데 단순하고, 연대기적인 구조에 속박되지 않았다. 그는 두 개의 상이한 대화 또는 견해를 나란히 도입함으로써 독자를 놀라게 하는 등, 소설구조 문제를 놓고 괄목할 만한 실험을 반복한다. 〈연애대위법〉에서는 전통적인 서술구조의 타파를 시도하기도 했다. 이런 기법을 쓰면 소설은 음악에서 쓰는 대위법(對位法)적인 흐름과 비슷해진다.

헉슬리는 〈멋진 신세계〉에서 미래 세계를 창조하기 위해, 그리고 야만인 존을 아웃사이더로 설정하기 위해 또 다른 비전통적인 소설구조가 필요했다. 그는 이 목적을 달성하기 위해 소설을 크게 세 부분으로 나눈다. 소설의 첫 부분에서는 자세한 묘사와 배경설명을 동원해 반이상향(디스토피아)의 세계, 즉 미래의 런던을 독자들이 기정사실로 받아들이도록 유도한다. 두 번째 부분에서는 독자들을 철저하게 이질적인 세계, 즉 야만인 보호구역 속으로 던져 넣어 그곳을 관광하는 런던 사람들이 겪는 충격을 경험하게 한다. 이 작품의 진정한 주인공 존이 태어나면서부터 알고 있던 세상인 이곳에 등장하는 것도 이 부분이다. 마지막 세 번째 부분에서는 존의 런던 생활과 반이상향에 대한 그의 도전이 펼쳐진다.

헉슬리가 〈멋진 신세계〉에서 시도한 구조는 주류 문학과 유토피아 소설의 전통에 모두 반하는 것이다. 대다수의 전통적인 유토피아 소설에서 유토피아 자체는 일종의 배경무대로서 다소 외로이 서 있을 뿐, 그곳에서 제3의 장소로 이어지는 곁다리 여행이 없다. 따라서 유토피아와 대비할 수 있는 유일한 실체는 독자 자신이 몸담고 있는 문화와 사회다. 하지만 헉슬리는 소설 속에서 야만인 보호구역을 별도로 설정한다. 즉, 소설 속의 반이상향과 대비되고 경쟁 관계에 있는 또 다른 허구 세계를 소개하는 것이다.

전통적인 기법대로 하면, 야만인 보호구역의 설정은 런던 세계의 명료함에 흠을 줄 수밖에 없을 것이다. 하지만 헉슬리는 야만인 보호구역 여행을 통해 자신의 반이상향을 더욱 부각시킨다. 두 세계는 모두 나름대로 믿을 수 있으면서 동시에 무시무시한 세계로 모습을 드러낸다.

헉슬리는 주인공들의 등장을 소설 중반까지 미루어둠으로써 기존 서술구조의 관행을 비웃는다. 이 점에서 그는 소설구조에 대한 독자들의 예상을 역이용해 어떤 독특한 효과를 자아내고 있다. 소설구조의 관행에 의하면 주인공은 당연히 소설의 첫 부분에 등장하기 때문에 독자들은 버나드 막스가 줄거리와 주제의 핵심일 것이라고 여러 번 굳게 믿는다. 버나드는 반항적 기질은 좀 있지만 궁극적으로 겁쟁이인데다 나약한 인물이다. 그 사실이 드러나는 순간, 헉슬리는 이 소설의 진정한 주인공 존을 무대에 올린다.

버나드에 비하면 존은 적어도 처음에는 진정한 영웅처럼 보인다. 그리고 '야만인'으로서 런던에 돌아오자마자 헉슬리는 새로운 관점을 도입한다. 존을 독자들이 이미 익숙해진 반이상향의 세계로 끌어들이면서 그 주인공의 순진무구함과 대치되는 독자들의 지식을 가지고 노는 것이다. 이런 역설의 효과가 바로 헉슬리가 가장 강조하는 점으로서 〈멋진 신세계〉의 절정과 결말을 더욱 강렬하게 부각시킨다.

줄거리

〈멋진 신세계〉는 AF('포드 이후'라는 뜻으로 이 소설에서 AD 대신 사용하는 연도표시 기호) 600년경, 미래의 런던에서 막이 오른다. 인간성은 이미 거의 완벽하게 산업화되었고, 세계 국가의 소수 수뇌부에 의해 통제되고 있다.

첫 번째 장면은 이 나라의 엄격한 카스트(신분) 제도에 따라 인간들이 제조되고 조건화되는 실험실 견학 모습을 묘사하면서 인간성 말살이라는 주제와 비인간적인 분위기를 주입시킨다. 탄생, 노화, 죽음이라는 자연과정은 이 세계에서는 공포의 대상이다.

이곳에서는 '소마'라는 약과 유희로써의 섹스로 얻는 육체적 쾌락과 물질적 안락이 유일한 관심사이며, 알파 플러스급(최고 계급에 해당)의 심리학자 버나드 막스는 이곳 생활에 만족하지 못하는 유일한 사람으로 등장한다. 여자들은 버나드를 경멸하지만, 그는 용케 레니나 크라운이라는 여성의 관심을 끄는 데 성공한다. 이른바 '육체파' 미인인 그녀는 뉴멕시코의 오지에 있는 야만인 보호구역에서 그와 함께 일주일간의 휴가를 보내기로 동의한다. 그곳은 물론 통제되고 기술이 지배하는 런던과는 딴판이다.

버나드가 휴가를 떠나기 전, 상관인 인공부화 조건반사 연구소 소장(D.H.C.)은 묻지도 않았는데 자신도 오래 전에 야만인 보호구역을 방문한 바 있다고 말한다. 그리고 그곳에서 동행한 여인을 잃었다고 비통한 표정으로 털어놓는다. 사회적으로 용납되지 않는 이런 감정을 무심결에 드러낸 것에 스스로 당황한 소장은 버나드에게, 그가 저지른 사회적 범죄, 즉 섹스와 '소마'를 적극적으로 즐기지 않은 대가로 휴가에서 돌아오면 바로 유배를 보내겠다고 위협한다.

레니나와 함께 야만인 보호구역에 도착한 버나드는 그곳에서 20여 년 전에 아들을 낳은 적이 있는 런던 출신의 여성을 만난다. 버나드는 그 아이를 이용하면 아버지, 즉 소장을 좌지우지할 수 있을 것이라고 생각한다. 그는 린다와 아들 존을 런던으로 데려와 소장이 그를 추방하려는 순간 두 사람의 존재를 공식석상에서 밝힌다.

소장은 자신이 '자연 출산'이라는 끔찍한 범죄에 연루된 증거가 드러난 것에 충격을 받고 모욕감을 느끼며, 결국 두려움 속에 탈출을 감행한다. 한때 사회적 이단자였던 버나드는 이제 엄청난 성공을 즐긴다. 이른바 '야만인'이라는 별명으로 새로운 유명인사가 된 존과의 친분 때문이다.

보호구역에서 전통적 생활양식에 길들여지고 셰익스피어의 옛 시들을 읽으며 자란 존은 런던이라는 곳이 생소하고, 혼란스러우며, 결국에는 혐오감을 느끼게 된다. 그는 〈템페스트〉에 나오는 미란다의 대사, "오 멋진 신세계여. / 거기에 그 사람들이 살고 있네"를 인용한다. 그것은 처음에는 어린 시절 어머니가 얘기해 주었던 '다른 세상'에 대한 경외감을 나타내고 있다. 하지만 존이 런던의 오락적인 섹스, 소마, 그리고 판에 박은 듯 똑같은 인간들을 점점 더 혐오하게 되면서, 그 인용문은 역설적인 의미로 변한다.

존은 레니나가 유혹하려 하자 분노를 터뜨리고 폭력을 휘두른다. 그 후 존은 린다의 죽음에 더 큰 분노를 키운다. 드디어 델타 계급 사람들에게 소마 배급을 받지 못하게 한 존의 행동은 폭동을 낳는다. 결국 존은 버나드, 그리고 시인을 꿈꾸는 '감정기술자' 헬름홀츠 왓슨과 함께 체포된다.

세 사람은 세계 국가의 총재 무스타파 몬드의 판결을 기다린다. 그는 이 멋진 신세계의 허점을 인정하면서도, 자유와 인간성의 상실은 사회 안정을 위한 작은 대가라고 못박는다. 몬드는 버나드와 헬름홀츠를 포클랜드 섬으로 추방하고, 존에게는 런던을 떠나지 말라고 판결한다.

존은 두 친구가 망명길에 오르자, 런던 외곽의 외지고 고립된 등대에서 은둔생활을 하기로 결심한다. 그는 그곳에서 의식을 곁들인 채찍질과 구토행위로 문명의 때를 씻어낸다.

그의 난폭한 고행에 호기심을 느낀 기자들과 군중이 존의 집에 몰려오고, 존은 이를 테면 동물원의 동물처럼 대중적 호기심의 대상이 된다. 레니나가 군중 사이에서 모습을 드러내자 존은 채찍으로 난폭하게 공격한다. 존의 광란은 군중을 자극하고, 그 폭력은 그들이 받은 사회적 훈련에 부합하여 광란의 섹스 파티로 발전한다. 그리고 존은 다소 내키지 않는 마음으로 그 분위기에 빨려든다.

　　다음날, 존은 소마의 약기운에서 깨어나면서 전날 자신이 한 짓을 깨닫고는 공포에 휩싸인다. 소설은 등대의 은둔처에서 목재기둥에 생명 없이 매달려 있는 존의 몸을 묘사하면서 막을 내린다.

등장인물

버나드 막스 *Bernard Marx* 알파 플러스 계급 출신의 심리학자. 태아시절에 혈액 대용액이 주입될 때 실수로 알코올이 들어갔다는 소문이 있으며, 소설 속에서 그의 결점을 설명하는 이유로 사용된다. 자신을 개성 있는 진정한 인간으로 확신하는 버나드는 순종을 강요하는 사회적 압력에 저항하며, 강렬하고 영웅적인 감정을 열망하지만 반란자가 될 능력은 없다. 그는 야만인 존과 그의 어머니 린다를 야만인 보호구역에서 런던으로 데리고 옴으로써 이 소설의 마지막 3개 장에 묘사되어 있는 격렬한 갈등의 원인을 제공한다.

야만인 존 *John the Savage* 멋진 신세계 출신의 부모에게서 태어났으나 야만인 보호구역에서 성장했으며 반이상향에 대한 도전을 상징한다. 그는 이 소설에서 가장 주인공에 가장 가까운 인물이다.

레니나 크라운 *Lenina Crown* 버나드의 유혹을 받지만 존과 사랑에 빠지는 기술자. 무의식적으로 위기에 휘말리는 전통적인 젊은 여성으로, 존에게 이상적인 여인으로 묘사되고 있다.

린다 *Linda* 존의 어머니. 상류 계급의 런던 시민이었으나 아기를 출산하는 돌이킬 수 없는 사회적 범죄를 저지른다. 그녀는 크게 수치심을 느끼고 탈출을 갈망한다. 결국 보호구역의 환각제, 메스칼 주(酒), 섹스, '소마'에서 탈출구를 찾는다.

무스타파 몬드 *Mustapha Mond* 세계 국가를 지배하는 총재 중 한 사람. 지적 · 정치적으로 매우 강력한 인물. 소설의 도입부에서 멋진 신세계에 대한 역사적인 견해를 피력하고, 뒷부분에서는 존, 헬름홀츠와 사회의 가치관에 대해 논쟁을 벌인다. 몬드는 버나드와 헬름홀츠에게는 포크 랜드 섬으로 추방을, 존에게는 런던에 머물라는 판결을 내린다.

헬름홀츠 왓슨 *Helmholtz Watson* 버나드의 친구이며, 나중에는 존의 친구 가 된다. 감정기술자로 시인이 되기를 갈망한다. 버나드보다 용기 있 고 지적인 인물로 묘사된다.

소장 *The D.H.C.(D.H.C.)* 인공부화 및 조건반사 연구소 소장. 린다는 그를 '토마킨'이라고 부른다. 멋진 신세계에서 중요한 위치를 차지하고 있 지만 린다가 존의 아버지라고 폭로함으로써 그 직위를 잃는다.

헨리 포스터 *Henry Foster* 레니나 크라운과 교제하는 알파 계급 사람. 전형 적인 런던 시민.

패니 크라운 *Fanny Crown* 레니나의 친구. 멋진 신세계의 전통적 관점을 대변하는 인물이다. 레니나에게 존이 앞장서지 않더라도 그와 성생활 을 즐기라고 부추긴다.

포페 *Pope* 보호구역 내 맬파이스 마을에 사는 린다의 애인. 린다에 대한 포 페의 집착은 존이 섹스에 대해 뿌리 깊은 반감을 갖는 계기가 된다.

미치마 *Mitsima* 맬파이스 마을에 사는 인디언 노인. 존에게 진흙 빚는 법을 가르쳐주고 마을에서 결혼의식을 주관하는 인물이다. 그는 존이 겪는 맬파이스 마을 생활의 시작과 끝을 상징한다.

등장인물 관계도

무스타파 몬드
(세계 국가의 총재)

버나드 막스
(알파 플러스 계급의 심리학자로
야만인 존과 린다를 야만인 보호
구역에서 런던으로 데리고 온다.)

추방한다

소장
(The D.H.C., 인공부화
및 조건반사 연구소 소장)

헬름홀츠 왓슨
(버나드의 친구)

추방한다

논쟁한다

부자 간이다

버린다

당황하게
만든다

린다
(존의 어머니)

야만인 존
(멋진 신세계 출신의 부모
사이에서 태어났으나 야만인
보호구역에서 성장한 사람)

모자 간이다

연인이다

죽이려 한다

포페
(맬파이스 마을에
사는 린다의 애인)

사랑한다

가르친다

레니나 크라운
(무의식적으로 위기에 휘말
리는 전통적인 젊은 여성)

미치마
(맬파이스 마을의
인디언 노인)

충고한다

교제한다

패니 크라운
(레니나의 친구)

헨리 포스터
(전형적인 런던 시민)

Chapter별
정리
노트

Chapter 1

:줄거리 사람을 만들어내는 세상

아득한 미래의 '중부 런던 인공부화 및 조건반사 연구소.' 이 기관은 전 세계 인구의 인공번식과 사회적 조건화 작업에 핵심적인 역할을 수행한다.

연구소 소장이 한 무리의 신입생들에게 연구소의 시설과 활동, 즉 시험관 아기라는 제품을 운반하는 생물학적 조립생산 라인을 견학시키고 있다. 견학은 수정실부터 시작해 저장실을 지나, 계급 예정실, 출산실로

이어진다. 소장은 견학과정에서 이 공장의 기본적인 활동, 즉 보카노프스키 과정에 대해 설명한다. 그 내용은 한 개의 난자로부터 8개에서 최고 96개의 '싹'이 나오고, 이것들이 똑같은 인간으로 성장하게 된다는 것이 골자다.

조건화 과정은 보카노프스키 과정과 함께 진행된다. 이 과정의 목적은 제작된 인간들이 '불가피한 사회적 운명'을 받아들이고, 나아가 즐기게끔 만드는 것이다. 그 운명은 일종의 카스트 제도로 나타난다. 여기에는 잘생기고 지능도 높은 알파 플러스 계급에서부터 맨 아래층이자 노동자 계급인 엡실론 계급까지 다양하다.

이 장에서는 또 연구소에서 일하는 두 사람이 소개된다. 한 사람은 이 소설에서 조연으로 활약하게 될 헨리 포스터이고, 또 한 사람은 주연급 인물 중 하나인 레니나 크라운이다. 그녀는 나중에 주인공의 운명에 큰 영향을 끼치게 된다.

:풀어보기

헉슬리는 이 장에서 반이상향의 세계를 처음 접하는 독자들에게 '사회, 동일화, 안정'을 모토로 하는 미래 세계의 본질적인 의미를 심어준다. 이 세계 국가에서 일어나는 모든 기술, 계획, 조건화 활동은 오로지 이 목적을 뒷받침하고 유지하기 위해 존재한다.

주제탐색 포드 철학이 지배하는 이 세계는 오웰의 〈1984년〉에 나오는 세계만큼 위협적이거나 사악해 보이지는 않는다. 하지만 독자들은 첫 장에서부터 쾌활한 외면적인 분위기에 감쳐진 어두운 현실을 감지할 수 있다. 이곳에서는 개인의 정체성, 어쩌면 인간성 자체도 사회와 안정이라는 필요에 의해 억압된다.

소장은 견학을 진행하면서, 인간의 가장 은밀한 활동이랄 수 있는 수정기술을 복제인간을 생산하기 위해 세심하게 계산된 방식이라고 신나게 설명한다. 포드 식 조립생산 라인의 찬란한 변형판인 중부 런던 인공부화 연구소는 (거의) 호환이 가능한 인간들을 생산해낸다. 이 인간들은 소장과 헨리 포스터처럼 상대방이 못 다한 말까지 마무리할 수 있을 정도로 서로 보완적인 기능을 수월하게 발휘하는 존재들이다.

주제탐색 사회적 안정에는 모든 차별(계급제도에 관한 것만 빼고)의 해소와 불만의 종식이 모두 필요하다. 우생학 연구소는 이 정체성 문제를 해결해 준다. 즉, 그들은 조건화 과정을 통해 인간의 만족을 관리한다. 소장은 미덕과 선의는 사회적 예정자들의 노동으로부터 나온다고 엄숙하게 선언한다. 그들이 할 일은 '사람들이 불가피한 사회적 운명을 받아들이고 좋아하게 만드는 것'이다. 헉슬리는 소장의 선언을 통해, 완전한 인간으로 성장하는 과정에 수반되는 선택의 역할과 고통이란 주요 테마를 제시한다. 물론 소장이 신봉하는 교리는 나중에 '문명화되지 않은' 인물, 존의 도전을 받게 된다.

문체탐색 헉슬리는 몇 개의 서술기법을 사용해 첫 장에서 반이상향의 세계를 제시한다. 신입생들을 위한 연구소 견학은 헉슬리가 안정의 이론과 실상을 설명하는 한편, 독자들을 반이상향의 물질적 세계에 폭 빠지게 할 수 있는 자연스러운 기회를 제공한다. 인공부화 연구소가 '겨우 34층밖에 안 되는 작달막한' 빌딩이라는 언급으로 미루어 주변 풍경, 도시의 규모가 엄청나다는 것을 암묵적으로 알 수 있다. 게다가 시기를 AF 632년이라고 못박아 독자들을 이런 분위기에 적응시킨다. 'AF'라는 용어와 더불어 이 숫자는 독자들의 현실 세계와 이 소설 속 미래 세계와의 간극을 부각시키고 있다.

우리는 헉슬리가 생각하는 기술과 자연의 비교, 그리고 기술을 자연 자체보다 더 생동감 있게 만든 점에 특히 주목해야 한다. 1장에서 헉슬리는 햇빛을 차갑고 생명 없는 물질로 묘사한다. 단, 햇빛이 현미경의 관을 비칠 때만 예외인데, 이것은 햇빛을 받으면 버터 색깔의 갈색으로 변한다. 이 세계에서는 인공성 자체가 일종의 힘으로 한편으로는 자연의 힘과 경합하고 한편으로는 그것을 증가시키기도 한다.

우리는 또한 이 반이상향의 세계에 20세기 초 풍미했던 편견들이 삽입되어 있음을 주목해야 한다. 예컨대, 인종차별주의로 비난받는 인간 난소의 비교 내지는 남성으로만 이루어진 학생집단의 등장 등이 그것이다. 미래 소설에 나타나는 그런 세부적인 사실은 현재를 보는 작가의 시각뿐 아니라 미래에 대한 희망이나 두려움을 반영하고 있다는 사실을 독자들에게 상기시킨다.

Chapter 2

멋진 신세계식 도덕교육

소장의 견학지도는 유아보육실로 이어진다. 그는 이곳에서 신입생들에게 '도덕교육'의 일환으로 실시되는 사회적 조건화의 중요성에 대해 강의한다. 소장은 '신(新) 파블로프식 조건반사 과정'을 보여주는 시범을 직접 지휘한다. 보육사들은 한 무리의 아기들에게 책과 꽃을 접하게 한 다음, 격렬한 폭발음, 경보음, 요란한 사이렌 소리, 끝으로 전기충격을 맛보게 한다. 이런 경험은 아기들의 반사신경을 '확실히' 조건화시켜 자라면서 책과 자연에 대해 '본능적인 혐오감'을 체득하게 될 것이라고 소장은 설명한다.

소장에 의하면, 그런 사회적 조건화 과정은 궁극적으로 국민의 경제적 소비를 극대화시킨다. 그는 자신의 핵심이론을 효과적으로 설명하기 위해 자연에 대한 반감이 어떻게 전원(田園) 스포츠에 대한 호감으로 변형될 수 있는지를 설명한다. 전원 스포츠에는 거의 무한대로 다양한 소비재 상품의 소비도 포함되어 있다.

소장은 또 어린 루벤 라비노비치에 관련된 일화를 예로 들면서 '수면학습', 즉 도덕화 및 사회화 작업에 항상 엄청난 위력을 발휘하는 교육방법을 설명한다. 소장과 학생들은 수면학습 교육이 실시되고 있는 기초 의식반의 아기들을 들여다본다.

· 풀어보기

**주제
탐색** 이 장에서 헉슬리는 조기 조건화 교육의 이론과 실제를
상세히 설명함으로써 반이상향적 사회안정에 대한 강
연을 계속한다. 헉슬리는 수면학습법과 유아대상의 조건화 교
육을 설명하면서 선택의 여지를 없애는 것이 경제 및 사회적
안정을 증대시키기는 하지만 인간적 성장잠재력을 감소시킨
다는 점을 분명히 짚고 넘어간다.

**문체
탐색** 안정의 대가는 델타 계급, 즉 기계적인 공장노동자의
운명을 타고난 아이들이 조건화 교육에 순응해 책과 꽃
을 혐오하게 되는 대목에서 가장 뚜렷하게 드러난다. 화려한
책과 아름다운 꽃을 향해 기어가는 행복한 아기들의 이미지는
전통적인 감상주의로 가득 차 있다. 그러나 헉슬리는 이 평온
한 이미지를 요란한 경보음과 전기충격이 난무하는 장면으로
돌변시켜 독자들에게 강한 자극을 준다. 조건반사화의 실체는
사회적·정치적·경제적 안정성에 대해 나름대로 정당한 반
대론을 나타내고 있다. 태양이 조건반사화 작업을 지원하기라
도 하듯이, 꽃 위에 따스한 햇살이 내리쬐는 장면에서 헉슬리
가 자연적인 이미지를 기술에 대한 보완적인 요소로 사용한
것을 다시 한 번 주목해야 한다.

폭력적인 요소는 없지만 강력한 효과를 발휘하는 수면
학습법은 반이상향 사회의 근본을 이루고 있는 숱한 전제와

편견의 원천으로 등장한다. 계급의식을 통해 가르치는 교훈은 각각의 아이들에게 사회적 정체성을 부여하지만 카스트 제도 바깥에서 우정이나 독자적인 의견이 형성될 가능성을 근절한다. 이 소설 전체를 통해 등장인물들은 거의 무의식적으로 자신들이 받은 수면학습 훈련에 대한 느낌을 토로하고, 또 수면학습의 가르침에 따라 행동한다. 버나드 막스처럼 수면학습 기법을 잘 인식하는 사람들조차 그 영향으로부터 완전히 자유롭지 못하다. 여기서 또다시 반이상향적인 모든 활동은 사회적 안정을 뒷받침할지는 모르나, 개인적 정체성이나 독립성은 철저히 파괴한다는 것이 드러난다.

주제 탐색 단어의 힘, 그리고 특정 단어에 대한 반응은 〈멋진 신세계〉에서 매우 중요한 테마를 이루고 있다. 수면학습법은 수면중 취약시간에 특정 단어들을 사용해 사람들로부터 절대적인 충성이나 반감을 이끌어내는 방법임을 헉슬리는 명확히 밝히고 있다. 세계 국가는 실제로 잠든 모든 어린 시민들의 귀에 특정 사상을 주입시켜 사회 질서에 대한 복종심을 확고하게 심어준다. 금지된 단어들, 특히 '어머니'라는 말은 강력한 반감과 수치심을 불러일으키는데, 이는 출산에 대한 반감을 세심하게 교육시킨 결과다.

헉슬리는 학생들과 소장이 토론을 벌이는, 다소 우스꽝스러우면서 주목할 만한 대목에서 독자들에게 이 사실에 대해 주의를 환기시킨다. 소장이 '어머니'와 '아버지'라는 단어를 거침없이 사용하는 것에 깜짝 놀란 학생들은 얼굴을 붉히고 빙그레 웃는다. 한편, 헉슬리는 그 불쾌한 단어들을 '교란'이라는 말로 대체함으로써 학생들의 반응을 표현한다. 따라서 이 장에서 강조되어 있듯이, 이 나라에서 언어의 사용은 사람들의 의식구조를 형성하고 그들의 에너지를 특정한 사회 및 경제적 목표의 달성에 매진토록 하는 데 중요한 역할을 하고 있다.

여기서 우리는 포드 이전 세계라고 표시되는 시간단위의 변화를 주목해야 한다. 소장은 헨리 포드가 자동조립 라인을 통해 대량생산된 T 자동차를 숭배하는 의미에서 T(기독교에 반대되는 개념)라는 단위를 만들었고, 학생들은 그 기호를 반복 사용한다. 이런 경건한 태도는 구시대를 연상시키지만 그 표시의 의미는 바뀌었다. 세계 국가는 기독교적 색채의 기호를 차용한 다음, 십자가에서 윗부분을 잘라냄으로써 포드를 의미하는 T로 바꾼 것이다. 이 반이상향의 기호들조차 인간성의 감소를 확실하게 보여주고 있다.

Chapter 3

: 줄거리 만병통치약 소마

　소장은 견학단을 이끌고 밖의 정원으로 나간다. 그곳에서 학생들은 아주 어린 아이들이 성유희에 몰두해 있는 광경을 목격한다. 소장은 학생들에게 그런 관능적인 놀이는 포드 이전 시대에는 비정상적인 행위로 간주되었다고 말해 학생들을 놀라게 한다.

이 장에서는 또 서유럽의 총재로, 전 세계를 지배하는 10인의 총재 중 한 사람인 무스타파 몬드가 소개된다. 몬드는 일종의 현명한 독재자처럼 행동하는데, 그는 멋진 신세계뿐만 아니라 포드 이전의 구세계에 대해서도 잘 알고 있다.

이 장의 중반부터 몽타주 기법*의 서술로 넘어가면서, 몬드는 '역사는 모두 엉터리'라는 포드의 금언을 인용하는 것으로 역사와 역사의 압제에 대한 강연을 시작한다. 몬드는, 9년 전쟁을 통해 탄저균 폭탄과 독가스로 초토화된 후 경제 대공황이 닥쳐왔다가 결국 '세계 지배와 파괴 사이에서의 선택'만 남았던 과거 세계를 회상한다. 몬드가 지적하듯이, 멋진 신세계에서 만병통치약으로 사용되는 '소마'는 국민들의 근심을 종식시키는 한편, 그로 인한 '사회적 안정'은 질서유지에 근본이요, '최고이자 최후의 필요조건'임이 밝혀졌다.

몽타주식 서술은 이 장의 끝부분에 이르면서 점점 초현실주의적인 내용으로 전개되어, 세계 국가가 주창하는 다양한 모토와 단편적인 대화 장면들이 어지럽게 교차한다. 예컨대 심리학적 문제를 논하면서 포드와 프로이드 이론을 삽입시키고, 여기에 레니나가 친구 패니와 대화하는 장면이 끼어드는가 하면, 뒷장에서 주요 인물로 활약하게 될 버나드 막스가 등장하는 식이다.

---

* **몽타주 기법:** 개개의 짧은 장면을 많이, 빨리 연속시켜 종합적인 효과를 노리는 문학 기법.

이 장에서 헉슬리는 반이상향 세계의 탄생을 낳은 역사적인 힘에 대해 설명한다. 세계 국가의 총재 무스타파 몬드가 내놓은 분석은 그가 인용한 '역사는 모두 엉터리'라는 포드의 말과 다소 대치되는 것 같다. 비전통적이면서 강력한 인물로 묘사되는 몬드의 등장과 함께 헉슬리는 반이상향 세계에 대해 헨리 포스터와 소장의 정제된 설명보다 훨씬 깊이가 있고 대담한 모습을 선보인다.

몬드는 포드 이전 시대와 포드 세계를 동시에 알고 있는 유일한 인물로서, 이전 시대의 질서가 지닌 자기파괴적 속성과 혼돈에 대한 유일한 대안으로 세계 국가가 설립된 사실을 열정적으로 자세하게 강연한다. 헉슬리는 일련의 잔혹하고 끔찍한 이미지(신발이 신겨진 채 날아간 다리 조각 같은 일부 이미지들은 제1차 세계대전의 참화에 영향을 받았다.)를 제시함으로써 민주주의와 개인의 자유라는 친숙한 세계의 고통스러운 죽음을 생생히 묘사한다. 생존자들은 이런 잿더미 속에서 자신들이 진정으로 성공적인 삶의 틀이라고 믿었던 삶을 탄생시켰던 것이다. 현대에 발전된 그 삶의 방식은 이른바 포드식 자동조립 생산 라인을 의미하는데, 여기에는 사회 전체를 호환 가능한 부품들로 구성해 거의 무제한적인 생산과 소비를 가능하게 한다는 개념이 밑바탕에 깔려 있다.

포드 시대에는 소비 자체와 소비의 즐거움이 인간의 주된 활동이라는 사실을 몬드는 강연을 통해 분명히 하고 있다. '모체 수정'을 통한 생명, 즉 정상적인 가정은 더 이상 존재하지 않는다. 세계 국가는 그것을 폐지하고 조건화 센터를 세웠다. 이곳에서 '생산된' 아이들은 사회질서에 충성을 바치고 (거의 같은 뜻이지만) 적절하게 소비하도록 훈련시킬 수 있도록 고안된 환경 속에서 성장한다. 이곳에서는 모든 욕구가 충족되며, 행복을 가로막는 장애는 모두 제거되었다는 점을 몬드는 학생들에게 상기시킨다.

주제탐색 헉슬리는 또다시 이 장에서 인생의 본질적 부분이라고 할 수 있는 선택과 고통이라는 주제를 제시하고 있다. 몬드의 말처럼 모든 장애가 제거되고 아무도 정열이나 고통을 느끼지 못하면 도대체 어떤 종류의 인생이 가능하단 말인가? 이 대목에서 몬드는 '방해 받지 않는 행복'을 인간의 이상으로 제시한다. 헉슬리는 뒤에서(16, 17장) 몬드가 문명과 문명의 대가라는 주제를 놓고 토론을 벌이는 장면에서 세계 총재의 좀더 복잡한 또 다른 면모를 드러낸다.

Chapter 4

 멋진 신세계에도 인간적인 문제가

레니나와 버나드가 엘리베이터에 함께 타고 있다. 그녀는 두 사람이 함께 떠나기로 계획한 뉴멕시코 여행에 대해 더 의논하고 싶어 하지만 그는 왠지 대화를 주저한다. 사실 버나드는 자기 감정을 그녀에게 드러내고 싶은데, 레니나는 그런 마음을 눈치 채지 못한다. 그녀는 헨리 포스터와의 데이트 약속이 늦자 서두른다.

레니나와 헨리는 헬리콥터를 타고 데이트 장소로 향하면서 런던과 런던 외곽지역의 전경을 즐긴다. 하늘에서 내려다보니 채링 - T 빌딩, 하운슬로 촉감영화 스튜디오 건물과 장애물 골프 코스 등, 미래 세계의 축소판이 눈 아래로 펼쳐진다.

이 장의 후반부는 버나드에게 다시 초점이 맞춰진다. 그는 열등감에 젖어 있다. 버나드는 알파 계급으로 태어났지만 작은 키 때문에 고민하고 있다. 그는 바로 이 점 때문에 사회적 '이방인'이 된 것 같은 느낌을 가지고 있다. 그는 이렇게 독백한다. "나는 나야. 하지만 이런 내가 아니길 바라…."

버나드는 자기 헬리콥터를 타고 친구 헬름홀츠 왓슨을 만나러 선전 사무국 빌딩으로 날아간다. 그는 감정 공과대학의 작문과 강사로, 각종 선전문구를 작성한다. 왓슨은 자신의 우람한 덩치와 성공적인 여성관계를 자랑하지만, 그 역시 '고독감'을 느낀다. '능력이 너무 많기' 때문이다.

그래서 그는 버나드에게 일종의 동질감, 즉 자신들이 '개성을 지닌 존재'
라는 인식을 느낀다.

　　이 장에서 헉슬리는 성격이 판이한 두 주요 인물의 대조적인 모습을 묘사하고 있다. 알파 플러스 계급 출신의 심리학자 버나드와 감마 계급의 기술자 레니나이다.

　　인물탐색 버나드는 이 사회의 엄격한 계급제도에서 최상층에 속하는 알파 플러스 계급이기 때문에 엘리트 계층을 위해 마련된 모든 혜택을 누리게 되어 있다. 그 중에는 상대적인 자유도 포함된다. 심지어 파격적인 무스타파 몬드 같은 사람도 나름대로 즐겁게 사는 것처럼 보인다. 하지만 버나드는 걱정 많고, 늘 화가 나 있는 일종의 비참한 상태에서 살고 있다. 알파 플러스 계급 사람치고는 작은 키 때문에 여자들은 조롱하고, 열등한 계급의 사람들은 복종하지 않으며, 사회생활에서도 동급 친구들에게 소외당하기 때문이다.

　　버나드는 자신이 속한 세계가 누리는 즐거움에 대해 갈망과 경멸감을 동시에 느낀다. 그는 레니나의 매력에 홀딱 빠져 단 둘만의 휴가여행을 꿈꿨으나 그녀가 그 사실을 공개적으로 떠벌리는 바람에 꽁무니를 뺀다. 섹스에 강박관념을 갖고 있는 그는 레니나의 아름다움을 혼자서 흠모하지만 그녀는 (이 세계의) 틀에 박힌 방식으로 퇴짜를 놓는다.

인물 탐색 버나드는 사회적 부적응자일지 모르지만 진지한 반골 기질이나 목적의식이 결여된 인물이다. 버나드가 또 다른 알파 계급 사람으로서 역시 삶에 불만을 느끼고 있는 헬름홀츠와 어울리려고 노력하는 과정을 묘사하면서 헉슬리는 헬름홀츠의 대조적인 성격에 대해 새로운 관점을 제시한다. 헬름홀츠는 버나드와는 반대로 사람들 사이에서 인기가 높고 사회적으로도 성공을 거두었다. 그럼에도 불구하고 그는 인생과 일에서 어떤 의미를 갈망한다. 헬름홀츠의 불만은 버나드의 불만에 비해 보다 고차원적인 것임을 헉슬리는 강조하고 있다. 반면, 버나드는 단지 유치하고 투덜대기만 하는 인물처럼 묘사된다. 헉슬리는 소설 뒷부분에서 두 사람 사이의 차이점을 세세하게 그리면서 모두에게 해당되는 해결책을 마련한다.

인물 탐색 레니나는 반이상향 세계에서 행복하게 지내는 것 같다. 그녀는 헨리 포스터와 오랜 기간 연인관계를 지속하는 대담한 실험을 하고는 있지만, 이 세계의 기준에서 보면 관습에 충실한 사람이다. 그녀는 명랑하며 깊은 생각 없이 유치하게 살고 있다. 버나드와의 대화에서는 섹스에 대한 열정을 과시해 상대를 당혹케 하는데, 이것은 어린 시절부터 받아온 수면학습법과 사회생활의 원칙에 부합하는 것이다. 그러나 그녀가 버나드를 선택한 사실은 어쩐지 반항적인 행위이며, 자신의 내면 깊은 곳에 있지만 완전히 깨닫지 못하는 어떤 불만의 표시이기도 하다.

주제 탐색 우리는 건물 지붕에서 엡실론 계급에 소속된 엘리베이터 운전원과 관련해서 일어난 짧지만 중요한 장면에 주목해야 한다. 앞 장에서 태아들의 운명과 유아들에 대한 조건화 작업을 관장하는 알파 계급 사람들은 모든 계급의 구성원들이 나름대로 행복하게 살도록 이 사회를 유지하고 있다. 하층민인 엡실론 계급 사람이 "옥상입니다! 오, 옥상에 다 왔습니다!"라는 탄성을 지르는데, 이렇게 무심코 드러낸 속마음은 순간적이나마 조건화 작업이 공기, 공간, 아름다움에 대한 인간의 욕구를 완전히 제거하지는 못했다는 사실을 나타낸다. 프리츠 랑의 미래 영화인 〈메트로폴리스 *Metropolis*〉(1927)에도 이와 비슷한 장면이 나온다. 여기서는 지하세계에서 나온 한 여자와 아이들이 열린 엘리베이터 창문을 통해 지상세계의 풍요로움과 아름다움을 언뜻 바라보고는 감탄하는 장면이 나온다. 두 작품의 장면들은 모두 최하층 사람들과 최상층 사람들을 서로 대면케 함으로써 이심전심으로 알고 있는 사회적 계층구조의 불합리한 모습을 극적으로 부각시키며 관습이 피하고자 하는 바로 그 갈등을 야기시키고 있다.

Chapter 5

 예배도 섹스파티 분위기로

장애물 골프 코스가 문을 닫자 레니나와 헨리가 게임을 중단하고 헬리콥터를 타고 이륙한다. 그들은 번햄 해변—셰익스피어 작품 속 지명을 풍자적으로 인용—을 지나 슬로 화장터 상공을 지난다. 그들은 헬리콥터 안에서 '우리가 죽은 후에도 사회를 위해 이렇게 유용하게 쓰일 수 있다고 생각하니 흐뭇하다'는 등, 인간의 죽음과 '사체가 인(燐)으로 재활용되는 과정'에 대해 이야기를 나눈다. 이때 레니나는 자기 계급의 편견, 특히 엡실론 계급 인간에 대한 편견을 드러낸다.

그들은 웨스트민스터 성당 카바레로 날아가 저녁 늦게까지 맬서스 블루스 풍의 음악에 맞춰 춤을 춘다. 레니나는 소마를 복용했는데도 불구하고 관능의 밤을 위해 피임약 복용을 잊지 않는다.

이 장의 후반부는 헬리콥터 택시를 타고 빅헨리—포드 시대판 빅벤—의 종소리를 들으며 포드슨 공동체 찬가 성당으로 가는 버나드의 행적을 추적한다. 그는 그곳에서 별 신앙심 없이 일종의 예배 의식에 참여한다. 이 예배는 T자 성호를 긋는다든지, 소마를 성배로 쓴다든지, 고독의 찬송가를 부르는 등의 의식으로 진행된다. 소마 성배의 영향 탓인지, 이 의식은 '섹스파티' 분위기로 접어든다.

하지만 다른 사람들이 '극치를 맛본 자의 조용한 황홀경' 속에 빠져드는 동안, 버나드는 자신의 '고립감' 속으로 더욱 격리되는 느낌을 갖는다. 그는 어느 때보다 더욱 외롭고, 더욱 절망적으로 혼자된 느낌에 빠져든다.

이 장에서 헉슬리는 종교와 섹스의 반이상향적인 결합이라는 개념을 소개하고 있다. 이 개념은 두 사람이 데이트하는 성당/카바레에서 영적인 의식이 벌어지고, 그것이 결국 난잡한 섹스파티로 끝나는 데서 잘 비교·대조되고 있다.

헨리와 레니나가 즐기는 저녁식사와 댄스파티는 그들이 몸담은 세계의 인공적 성격을 강조한다. 그 날 밤 날씨는 화창하고 별이 무수히 빛나지만 런던을 환하게 밝히는 강력한 옥상 광고물 때문에 별이 떠 있다는 사실조차 인식하지 못한다. 이 대목은 헉슬리가 당대의 현실, 즉 이미 런던의 밤하늘을 지배하는 인공조명에 대한 자기 의중을 반영하는 것이며, 그것이 미래 세계에 대한 개념에 강한 영향을 끼치고 있는 셈이다.

웨스트민스터 성당 카바레 — 한때 영국의 왕과 여왕들이 군림했던 역사적이고 유서 깊은 장소가 이 미래 세계에서는 새로운 용도로 쓰임 — 안에 있는 돔 모양의 천장은 제2의 하늘 역할을 하면서 지금은 열대지방의 석양 같은 모습을 띠고 있다. 저녁식사 자리에서 제공된 몇 알의 소마 덕분에 모든 사람들과 모든 것이 유쾌하게 보일 뿐이다. 이 카바레가 자랑스럽게 내세우는 음악조차 인위적이다. 감정, 음악, 경치 등 로맨스를 구성하는 모든 요소들이 이미 국가에 의해 기계적으로 만들어져 나온다.

저녁 행사는 늘 그러하듯 유희적이고 출산과 무관한 섹스파티로 마무리된다. 헉슬리는 헨리와 레니나의 성관계를 묘사하지 않은 채 이 장을 끝내지만, 독자들이 그 밤의 나머지 시간도 인위적이고 뭔가에 의해 조종된 시간일 것임을 추론할 수 있는 여지를 남긴다.

버나드의 '난장판 같은' 단결예배는 격주로 열리는 유사 종교집회인데, 많은 점에서 레니나와 헨리가 즐기는 데이트와 비슷하다. 밤 행사에서 음악과 소마는 분위기를 고조시키고 어떤 자제심도 제거해 버리는 등, 매우 중요한 역할을 한다. 소마는 레니나와 헨리의 데이트에서는 일종의 식후 브랜디 정도의 기능을 하며, 단결예배에서는 기독교 성체의식에 쓰이는 빵과 와인의 대용품으로 쓰인다. 예배에서 소마와 섹스는 인간과 더 위대한 존재, 그리고 인간들끼리의 결합을 나타낸다.

문제 탐색 우리는 참가자들이 '위대한 존재의 접근'을 알리는 발자국 소리를 듣고 비명을 지르는 모습에 주목해야 한다. 헉슬리는 여기에서 부활절 집회의 전통을 끌어왔으며, 종교적인 환희와 성적인 흥분의 유사성을 강조하고 있다. 인간들은 예배의식이 난교 파티로 전환될 때 이 시점에 도달한다.

단결예배의 전통적인 마무리 행사로 실시되는 '난교 파티'에서는 집단성교가 인간들의 차이점을 허물어 사회적 안정을 강화하는 도구로 사용된다. 한때 심지어 반란행위로 간주되었던 성적 감정의 자연스러운 표현이 여기에서는 단지 국가적 의무 중 하나일 뿐이다.

웨스트민스터 성당 카바레에서도 그랬지만 단결예배당에서 들리는 음악 역시 속도를 정해 주고, 기분을 선도하며, 청중의 행동을 조종하는 역할을 한다. 또다시 헉슬리는 인공적인 분위기를 반이상향의 종교의식에 빠져 있는 인물들을 통제하는 도구로 전락시키고 있다.

레니나와 헨리가 모든 인간의 가치에 대해 떠벌이는 입에 발린 소리에도 주목하자. 이런 믿음(수면학습법의 결과) 때문에 상류층 구성원들은 감마, 델타 계급, 그리고 이들에게 봉사하는 엡실론 계급 사람들에게 자행된 고의적인 성장억제에 대한 진실을 무시할 수 있다. 엡실론 사람들은 엡실론 계급으로 살아가는 것을 싫어하지 않는다고 헨리와 레니나는 말한다. 그 사람들은 그것 외에는 아는 게 없기 때문이다. 하지만 헉슬리는 이미 하류 계급 사람들이 어떤 열망을 품고 있는지를 4장에 나온 엡실론 출신 엘리베이터 운전원의 입을 통해 맛보기로 보여준 바 있다.

Chapter 6

 버나드와 레니나의 데이트

레니나는 버나드가 지닌 사생활의 비밀에 대한 이상한 집착과 기본적인 사회원리에 의구심을 품는 성향을 걱정한다. 그녀는 그를 '묘한 사람'이라고 생각한다.

레니나와 버나드는 그들의 첫 데이트를 회상한다. 버나드가 헬리콥터를 영국 해협 상공으로 몰고 가는 바람에 두 사람은 자연의 힘을 목격하게 되고, 이 때문에 언쟁을 벌인다. 버나드는 레니나와 첫 번째 데이트 때처럼 생각 없는 섹스로 마무리 짓는 만남이 아니라 성인다운, 그리고 감정이 풍부한 관계를 원한다.

이 장의 중간 부분에서 버나드는 소장에게 여행허가서를 제출하고, 소장은 수십 년 전 자신이 야만인 보호구역에서 휴가를 보낼 때 겪었던 사건을 회상한다. 소장은 한 여인을 그 여행에 데려 갔는데, 그 보호구역에 머무는 동안 수수께끼처럼 사라졌다고 말한다.

자신의 감상적인 생각에 스스로 놀란 소장은 직장 밖에서 보여주는 버나드의 기이한 행동에 실망감을 표시하고, 그를 아이슬란드로 추방할지 모른다고 협박하면서 화제를 돌린다. 하지만 버나드는 이런 위협에 오히려 기고만장해진다. 그는 소장에게 위협 받은 사실을 나중에 친구 헬름홀츠에게 자랑삼아 떠벌인다. 헬름홀츠는 버나드를 좋아하지만 허풍과 자기연민은 혐오한다.

이 장의 끝부분에서 버나드와 레니나는 산타페로 날아가고, 그곳에서 보호구역 관리인을 만난다. 관리인은 레니나에게 은근히 추파를 던지며 이곳에는 탈출구도 없고, 아기를 낳는 습성이 아직도 남아 있다고 설명한다. 버나드는 문득 향수 수도꼭지를 틀어놓은 채 집을 나왔다는 기억을 떠올린다.

버나드는 헬름홀츠에게 수도꼭지를 잠가달라는 전화를 걸었다가 몇가지 안 좋은 소식을 듣는다. 소장이 버나드를 아이슬란드로 전출시키려고 한다는 것이다. 버나드는 그 소식에 크게 놀라고, 그의 '이론상의 용기'는 사라진다. 그러자 레니나는 야만인 보호구역으로 날아가기 전에 소마를 먹고 진정하는 게 좋겠다고 그를 설득한다.

6장에서 헉슬리는 버나드 자신도 반사회적인 생각과 행동이 안겨준 결과에 괴로워한다는 것을 보여준다. 개성 있는 인간이 되려는 버나드의 어리석은 시도는 이 장에서 더욱 명확하게 드러난다. 하지만 그가 자유의 대가를 감당할 만한 도덕적 용기도 없는 인간이라는 것도 명확해진다.

지금까지 버나드는 정체는 불분명하지만 어떤 강렬한 느낌을 얻고자 하는 열망을 드러냈었다. 하지만 열정은 사회 안정에 위험한 요소다. 그의 불순한 생각에 충격을 받은 레니나가 지적한 대로 강렬한 느낌을 갖는다는 생각 자체가 이곳에서는 국가 모독죄의 요건이 된다. 이 사회를 규제하는 모든 관습과 전통, 예컨대 소마 복용이나 규칙적이고 유희적인 섹스 등은 모두 분노와 장기간의 성적 욕망 같은 강렬한 기분이 감정의 힘에 의해 고착화되는 것을 막기 위한 의도로 만들어졌다. 지금까지 버나드는 소마 복용을 회피하고 분노를 마음속 키워 열정의 기분을 경험해 왔다. 하지만 이 장에서 그는 실질적이고 피할 수 없는 강한 기분을 처음에는 어렴풋이, 이어서는 지극히 개인적으로 배우게 된다.

소장이 뉴멕시코의 야만인 보호구역을 여행하던 중에 일어났던 추억을 들려준 것은 위험한 폭로에 해당한다. 소장은 여인의 실종에 대한 걱정과 양심의 가책을 스스로 고백하는 과정에서 그녀를 사랑했었다는 위험한 사실을 거의 인정한 셈이다. 이것은 놀라운 사회적 범죄다. 소장의 추억은 버나드에게 꿈을 줄 만큼 강력하긴 했지만 버나드의 입장에서는 진정한 감정적 경험을 가까이에서 접한 사건이기도 하다. 그러나 버나드는 특유의 미숙한 반응으로, 동정심을 표하는 대신 굽실거리고 곁눈질하면서, 동시에 상관도 나약한 인간일 수 있다는 생각에 호기심을 느끼고 불쾌해진다.

인물 탐색 이 장은 또 자신을 '유치한 예절'이 부족하다는 이유로 아이슬란드 지사로 전출시키려는 소장의 의도를 안 뒤에 버나드가 처음으로 겪는 강렬한 기분을 잘 묘사하고 있다. 버나드는 진짜 위기 상황, 즉 고통 완화제인 소마가 안겨주는 일상생활의 평온함을 떨치고 정작 그토록 갈망하던 시련이 닥치자 공포에 질려 허둥댄다. 용기는 흔적도 없이 사라진다. 그는 반이상향의 다른 시민들처럼 자신이 직면한 가혹한 현실을 잊으려고 소마를 삼키는데, 그런 몸동작을 통해 이른바 그의 반항은 얄팍하고 겁쟁이 같은 광대극에 지나지 않음이 드러난다.

문학적 장치 우리는 헉슬리가 야만인 보호구역을 소개하면서 관리인을 1장과 2장에 나온 헨리 포스터와 소장과 같은 일종의 가이드 역할로 쓰고 있다는 점에 주목해야 한다. 독자들은 버나드와 레니나처럼 헉슬리가 만든 허구 세계의 또 하나의 주요 부분에 들어가려는 여행자가 된다.

Chapter 7

 : 줄거리 야만인 보호구역에 가다

버나드와 레니나는 인디언 안내원과 함께 야만인 보호구역으로 들어간다. 레니나는 이곳에 있는 모든 것을 '기묘하다'고 생각한다.

레니나는 곧 소마를 숙소에 두고 온 것을 깨닫는다. 따라서 그녀는 맬파이스 인디언 부락의 살균 처리되지 않은 현실을 고스란히 경험할 수밖에 없다. 그녀와 버나드는 고대 인디언 모습의 노인, 아기에게 젖을 먹이는 인디언 엄마들, 마지막으로 기독교도와 인디언 토속종교를 혼합한 쾌락적이고 종교적인 군무(群舞) 등을 빠르게 연속으로 목격한다. 이 거친 춤판은 코요테 가면을 쓴 주술사가 한 젊은이를 쓰러질 때까지 채찍질하는 무서운 장면으로 끝난다. 그 청년은 풍년을 비는 기우제에 쓸 피를 얻으려는 제물이다.

살벌한 의식이 끝난 뒤, 버나드와 레니나는 지푸라기 같은 노란 머리에 눈이 파랗고 인디언 복장을 한 젊은이를 우연히 만나는데, 어딘지 어색해 보인다. 또 이상하게도, 셰익스피어 연극에 나오는 인물처럼 말하는데다 그들에게 자기 어머니 린다가 '다른 장소' 출신이라고 밝힌다. 버나드는 젊은이가 아버지 이름을 '토마킨'이라고 하자 소장이 이 보호구역을 방문한 사실과 이 젊은이를 연관지어 생각한다.

젊은 야만인은 두 사람을 '매우 뚱뚱하고 금발인 인디언 여편네' 린다에게 소개한다. 린다는 레니나와 버나드에게 인디언들에게 납치된 자

신의 기구한 인생 이야기를 들려준다. 그녀는 보호구역에서 인생의 대부분을 보냈으며, 이곳에서 존을 낳았다고 설명한다.

: 풀어보기

이 장에서 헉슬리는 자신이 창조한 반이상향 세계의 또 다른 단면인 야만인 보호구역을 소개한다. 이곳은 런던의 세계와 암시적으로나 명시적으로나 대조를 이루고 있다.

한 가지 측면에서 맬파이스 마을은 반이상향 세계와 반

대편에 자리한 세계, 즉 '비문명화'된 장소를 상징한다. 버나드와 레니나는 물론이고 독자들도 이 야만 세계를 '문명화'된 세계의 상상 속의 진보와 견주어 평가할 수 있다. 야만인 보호구역에서는 사람들의 노쇠과정이 화학약품과 호르몬 등에 의해 억제되지 않는다. 여자들은 아기를 낳고 젖을 먹여 키운다. 부패라는 자연과정 때문에 추한 광경과 냄새가 넘쳐나서 민감한 레니나는 소름이 끼칠 정도다. 실제로 "문명은 멸균이다"는 신세계의 모토는 레니나가 보호구역에서 겪는 모든 경험의 본질을 잘 드러내는 말이다. 포드 시대의 런던은 너무 청결해서 탄생과 노화과정은 세균을 생성하는 박테리아처럼 사실상 세상에서 박멸되었다. 하지만 맬파이스 땅에는 출산과 죽음의 고통이 존재하며, 여전히 인생의 가장 중요한 사건으로 정복되지 않은 채 지속되고 있다.

인물탐색 레니나는 린다와의 만남에서 이런 사실들을 매우 극적으로 접한다. 레니나 자신의 모습을 연상시키는 린다는 불의의 사고만 없었다면 판이한 환경에서 살 수도 있었다. 한 예로, '레니나'라는 이름과 '린다'라는 이름의 유사성에도 주목하라. 린다의 형언하기 어려운 운명, 즉 어머니가 되고 늙어간다는 것은 포드 시대의 사람이 보기에는 공포요, 외설적 행위와 다름 없다. 린다는 모욕과 증오의 대상으로 묘사되고 있지만 동시에 거대한 힘을 상징한다. 그리고 버나드는 그 힘을 소설의 뒷부분에서 자신의 위치를 회복하는 데 사용한다. 린다의 아들 존을 사회적 지위 향상에 이용하는 것이다.

주제탐색 독자들은 헉슬리가 풍년을 보장받기 위해 채찍질을 곁들이는 야만인들의 종교의식을 상세하게 묘사한 것에 주목해야 한다. 레니나는 하층 계급 사람들의 노래와 같은, 끊임없는 북소리에 매우 친숙함을 느낀다. 이런 그녀의 인식은 문명 세계와 비문명 세계를 잇는 근본적인 유사함에 우리의 주의를 환기시키고 있다. 두 세계에서 모두 음악은 인간의 억제를 일시 중단시키고, 사람들을 단결과 행동으로 내모는 역할(예를 들면 버나드가 참석한 단결예배)을 한다. 거친 양털 옷을 입었든 인조견으로 만든 화려한 옷을 입었든, 인간은 인간이고, 강력한 암시에 흔들리며 나약하다는 사실을 보여주고 있다. 맬파이스 촌락이든 런던이든, 모든 사회는 비슷한 수단을 동원해 순종을 강요하고, 사회적 안정을 꾀한다.

문체탐색 특히 보호구역에서 태어난 이방인으로서 반항적인 사상의 측면에서 버나드와 대조적인 인물로 드러나는 존의 등장에 주목하자. 헉슬리는 존이 레니나와의 첫 만남에서 말한 '다른 장소'에 대한 기대감과 존 사이에 일어나는 갈등을 극적으로 묘사한다. 그것은 셰익스피어 연극의 대사와 수면학습법에 의한 암시의 기묘한 교차다. 이 장부터 끝까지 존의 갈등은 이 소설의 중심이 된다.

Chapter 8

 :줄거리 야만인 보호구역의 이방인 존

존은 옛날을 회상하며 버나드에게 보호구역의 생활을 들려준다. 버나드는 그런 생활이 자신의 경험에 비춰볼 때 매우 괴이하고 별나다고 생각한다. 실제로 그는 자신과 존이 '다른 행성에서, 다른 시대에 살고 있는 것 같다'고 느낀다.

존이 회상한 어릴 적의 기억 속에는 어머니가 인디언 남자들, 특히 포페와 가진 성관계에 관한 것도 있다. 포페는 린다에게 강력한 환각제

메스칼(그녀는 이것을 소마와 비슷하다고 생각한다)도 맛보게 한다. 존은 또 인디언 여자들이 린다가 성욕을 자제하지 못하고 자기 남자들을 유혹했다는 이유로 린다를 심하게 구타한 사건도 기억해낸다.

존이 어느 정도 자라자 린다는 글 읽는 법을 가르친다. 포페는 낡은 셰익스피어 전집을 찾아내고, 존은 그 책들을 탐독한다. 실제로 존은 셰익스피어의 글에서 영감을 받아 린다와 한 침대에 누워 있는 포페를 죽이려 한다. 존은 청년이 되었지만 또래의 아이들처럼 인디언 성인사회에 들어가기 위한 성인식을 치르는 게 허용되지 않는다. 절망한 존은 홀로 황야에 나가 성인으로 탈바꿈하기 위한 나름대로의 육체적 고행을 시도한다. 자학적인 고행은 그에게 '시간과 죽음과 신'에 대한 영감을 준다.

인생 이야기를 마친 존은 자기와 버나드가 '철저한 고립감'을 공유하고 있다고 느낀다. 버나드는 문득 존과 린다를 런던으로 데리고 가야겠다는 생각을 한다. 그 대답으로 존은 셰익스피어 대사에 나오는 한 구절을 인용한다. '오 멋진 신세계여…'

· 풀어보기

인물 탐색 이 장에서 헉슬리는 야만인 보호구역에서 예기치 않은 사건의 결과로 태어난 존의 성격을 심층 탐구한다. 유전적으로는 포드 시대 인간이지만 맬파이스 촌락에서 성장한 존은 문명과 전통의 잠재적 조화를 상징한다. 그러나 그의 인생은 외롭고 가슴 아플 정도로 비참했다. 존이야말로 버나드가 가끔 되고 싶어 하는 '진정한 인간'이다. 그리고 헉슬리가 이 부분에서 명확히 하고 있듯이, 진정한 인간이 된다는 것은 고통 속의 삶을 의미한다. 존은 유럽인의 외모와 어머니의 성적 문란 때문에 맬파이스 마을에서 어른들은 물론, 동년배들에게도 거부와 수치를 강요당한다. 존은 성인식을 거부당했기 때문에 성장과정에서 도움을 청할 곳이 없다. 낡은 셰익스피어 전집은 인생에서 그를 이끌어주는 길잡이 역할을 한다. 존의 정신세계는 시와 상상을 통해 크게 확장되고, 다소 괴이하지만 독특한 힘과 활력을 얻는다.

문체 탐색 헉슬리는 이 장에서 암시적으로 셰익스피어의 시에 담긴 잊을 수 없는 구절들과 수면학습법에 의해 암기된 말들을 비교한다. 존의 경우, 꿈꾸는 것 같은 상태에서 셰익스피어의 시 구절들을 암송했기 때문에 뜻을 전부 이해하지는 못했으나 반이상향 세계에서 병 속에 담긴 아기들이 수면학습법에 의해 지혜를 습득하듯 반복을 통해 그것들을 익혔다. 두 경우 모두 언어가 인식을 형성하고 행위의 틀을 정하며, 심지어 직접적인 행위에 영감을 준다는 것을 보여준다. 예컨대 존은, 어머니의 성관계에 대한 햄릿의 분노를 책에서 읽고 깊은 생각에 잠겨 포페를 공격하고픈 열정을 느끼게 된다. 이 시도는 결국 실패하지만 존이 독립적인 성인의 삶을 시작하는 계기가 된다.

문학적 장치 이 장에서 이 소설의 제목이 된 〈템페스트〉의 한 구절, "오 멋진 신세계여 / 그런 사람들이 여기 모두 있도다"

가 처음으로 등장한다. 존이 멋진 '다른 장소'에 대해 느끼는 경외심과 반이상향에 대해 독자들이 이미 알고 있는 인식과의 괴리감은 결정적인 대목에서 강력하고 극적인 역설을 자아낸다. 그 구절의 역설은 존이 앞으로 느끼게 될 실망감을 암시할 뿐만 아니라, 헉슬리식 풍자에 담긴 일관된 초점을 유지함으로써 독자들에게도 통일감을 주고 있다. 뒷부분에 가면 존은 런던 세계, 즉 어머니가 옛날에 들려주었던 동화 같은 '다른 장소'의 이면 세계를 경험한 후 자신의 달라진 태도를 표현하는 수단으로써 이 구절을 반복 암송한다.

이 장에서 존이 직접 겪는 조건반사화 과정은 런던에서 유아와 어린이들에게 자행되는 조건반사화 교육과 형태는 다르지만 본질적으로는 같다. 예컨대 존은 성생활의 실상을 어머니의 부재, 두려움, 수치, 그리고 격한 육체적 고통과 결부시킨다. 우연한 사건이지만 이런 강력한 조건반사화 과정은 그의 인생 초기에 일어난다. 처음에는 포페가 그를 침대에서 밀쳐 버릴 때, 그 다음에는 인디언 여자들이 린다와 그를 사납게 채찍으로 때릴 때, 마지막으로는 또래 소년들이 어머니의 문란한 성생활을 이유로 존을 멸시할 때 일어난다. 그 결과, 존은 마음속으로 레니나를 간절히 원하면서도 섹스에 대해서는 강렬하고 지속적인 반감을 나타낸다. 여기서 헉슬리는 다시 한 번 문명 세계든 야만 세계든, 인간은 모두 강력한 암시에 취약하다는 것을 강조하고 있다.

Chapter 9

줄거리 버나드의 속셈

레니나가 소마에 취해 잠들어 있는 동안 버나드는 존과 린다를 런던
으로 데려가기 위한 만반의 준비를 진행한다. 그는 산타페로 돌아가 무스
타파 몬드에게 전화를 걸어 허락을 얻은 다음 보호구역 감독관을 만난다.

버나드가 떠나 있는 동안, 존은 버나드와 레니나가 자신을 남겨둔 채
런던으로 떠났다고 오해하고는 휴게소를 부수고 들어간다. 휴게소 안에
서 존은 레니나의 여행가방을 발견하고, 그 안에서 지퍼가 달린 벨벳 반
바지와 옷가지들을 살펴본다.

존은 레니나가 잠들어 있는 모습을 발견하고는 셰익스피어의 작품에 나오는 줄리엣을 생각한다. 그는 손을 뻗어 그녀의 몸을 만지려 한다. 파자마 지퍼를 한 번 당기기만 하면 되는데… 그러나 곧 '용서 받지 못할 생각'이라고 자책하며 동작을 멈춘다.

존은 버나드가 탄 헬리콥터가 윙윙거리며 돌아오는 소리를 듣고 몸을 숨긴다.

:풀어보기

이 짧은 장에서 헉슬리는 버나드와 존이 예기치 않게 권력을 누리는 재미있는 상황 속에 놓는다. 독자들은 두 인물의 간단한 행동을 통해 비슷한 상황에 처한 두 남자를 비교하는 기회를 얻는다. 충분히 예상할 수 있듯이, 버나드는 수치스러운 기회주의자의 면모를 드러내는 한편, 존은 자신의 이상주의에 대해 복잡하고 혼란스런 기분을 보여준다.

인물탐색 린다 모자를 런던으로 데려감으로써 소장에게 통쾌한 복수를 하려고 드는 버나드는 민첩하게 준비하면서 벌써 승리감에 취해 의기양양해 한다. 거만한 말투와 남들의 복종을 기대하는 듯한 태도는 평소에 보여주었던 우유부단함과는 뚜렷한 대조를 이룬다. 여기에서 헉슬리는 이미 권력의 맛에 취한 버나드가 목불인견(目不忍見)의 야바위꾼이 되어 결국 몰락의 운명을 피할 수 없는 속물에 지나지 않는다는 사실을 암시하고 있다.

　　존이 소마에 취해 잠들어 있는 레니나를 찾아간 장면은 분위기 면에서 버나드의 장면과 대조적이다. 존이 레니나의 옷가지와 화장품을 뒤지고 그녀의 향수 냄새에 황홀하게 취해 있는 장면에서 풍기는 분위기는 어린아이 같은 호기심이다. 이러한 호기심과 황홀감은 계속 이어진다. 셰익스피어의 시를 읊고, 경외심과 열망으로 그녀를 내려다보는 존은 마치 동화 속의 주인공, 즉 이상향에 살고 있는 인물과 닮았다.

인물탐색 존이 레니나의 옷에 달린 지퍼를 차마 내리지 못하는 것은 기사다운 행동이요, 존경심과 시적인 배려의 표현처럼 보인다. 하지만 이 장면은 존이 어린 시절에 받은 반(反) 섹스 조건반사화 교육과 섹스 문제에서 자제가 아니라 억눌려 있을 가능성을 상기시킨다. 존이 성적 호기심을 갑자기 억누르는 장면을 통해 헉슬리는 고의적으로 로맨틱한 분위기를 깬다. 이 대목에서는 '마치 개가 귀에 들어간 물을 털어내듯' 고개를 흔든다는 다소 안 어울리고 코믹하기까지 한 모습을 소개한다. 헉슬리는 존이 이상적인 기사가 아니라, 맬파이스 마을의 거친 조건에서 성장하고, 길 잃은 어머니, 노인들이 들려주는 전설, 셰익스피어의 시에 의해 위험하게 교육받은 젊은이에 불과하다는 점을 지적하고 있는 것이다. 맬파이스 부락이든 런던이든 그 어느 곳도 존처럼 복잡하고 모순된 인물에게는 살아가기가 순조롭지 않을 것이다.

Chapter 10

:줄거리 린다와 존, 런던에 오다

소장은 헨리 포스터와 함께 버나드에게 치욕을 안겨주기 위해 블룸즈버리 연구소에서 기다리고 있다. 그는 인공부화실에서 많은 상류 계급 노동자들을 대동하고 버나드와 공개적으로 대면할 계획이다.

버나드가 도착하자 소장은 모든 사람들 앞에서 버나드를 '최하위 지부'로 전출시키겠다는 의도를 공표한다. 소장은 버나드가 '사회가 부여한 신뢰를 배반했고', 그의 이단적인 태도와 행위는 사회를 위협하고 있다고 설명한다.

버나드는 린다를 방으로 데려와 소장에게 응수한다. 늙어서 축 처지고 초라해진 그녀를 접하고 그곳에 모인 사람들은 두려움과 놀라움을 금치 못한다. 그녀는 한눈에 소장이 '토미킨'임을 알아보고는 그가 자신을 임신시켜 어머니가 되게 만들었다고 폭로한다. 이 '더러운' 말을 언급한 것만으로도 방 안에 '무서운 적막'이 흐른다.

존이 방에 들어오고 소장을 '아버지'라고 부르자 군중 속에서 웃음이 터진다. 수치심에 휩싸인 소장은 방에서 뛰쳐나간다.

　　이 짧은 장은 운명의 역전을 특징적으로 묘사하고 있으며, 이것을 계기로 일어나는 사건들은 이 소설의 나머지 부분을 지배한다.

　　이단적인 행위를 트집 잡아 버나드를 공개적으로 징벌한 후 추방하려던 소장의 계획은 사회의 안정을 위해서는 필요한 조치다. 소장은 사회 질서를 보호한다는 경건한 명목을 내세우지만, 그 이면에는 버나드를 벌주려는 다른 이유가 숨어 있다. 즉, 소장은 린다에 대한 자신의 이단적인 감정을 버나드가 폭로할지도 모른다는 우려를 하고 있었다. 따라서 부적절한 행위의 모델로 버나드를 내세우는 과정에서 소장 자신이 위선자가 된 셈이었다.

　　버나드가 린다 모자를 극적으로 소개하는 장면은 그를 벌주려는 소장의 도덕적 권위에 결정적인 흠집을 내는 공개적인 모욕이요, 화려한 반격이다. 버나드가 어리석고 복수욕이 강한 인물임에도 불구하고, 독자들은 거만하고 위선적인 소장이 갑자기 입을 다무는 모습을 접하고는 속이 후련하다. 이후 버나드는 징벌을 모면할 뿐만 아니라 사회적 지위가 상승함으로써 이 사건의 과실을 수확한다.

　　귀향은 린다나 존의 높은 기대치에는 미치지 못한다. 린다는 화학약품의 도움 없이 척박한 삶을 산 탓에 늙었고, 비대하고, 초라하다. 어쩌면 어머니가 된 죄에 대한 궁극적인 벌인 것 같다. 그 자리에 모인 직원들은 두려움에 휩싸여 그녀에게서 물러선다. 소장 앞에 무릎을 꿇은 채 "아버지!"라고 외친 존의 감동적인 선언은 군중 속에서 통제할 수 없는 폭소를 자아냈을 뿐이다. 이 장면은 린다는 포드 시대의 런던 사회에서 결코 다시 받아들여지지 않겠지만 존은 이국적인 호기심으로 환영받을지도 모른다는 점을 분명히 해주고 있다. 젊고 잘생긴 그는 포드 시대의 기대치에 부응하는 한편, 놀라움과 성적인 관심을 제공할 가능성도 있다.

문체 탐색 헉슬리가 런던으로 무대를 옮기면서 독자에게 친숙한 환경, 즉 사회 계급 예정실, 육아실, 마지막으로 문제의 장면이 벌어지는 배양실을 세밀하게 묘사하고 있는 점을 눈여겨 보자. 이 묘사는 독자들에게 맬파이스 사회 대(對) 런던 사회, 자연 출산 대(對) 시험관과 배양액 주입법을 사용한 출산의 근본적인 차이점을 상기시켜 준다. 그리고 린다와 아들, 즉 배양실로 대체하려 계획했던 진짜 사람의 등장을 준비하는 장치다.

Chapter 11

존, '멋진 신세계'에 점차 환멸을

소장이 스캔들 때문에 사임한 직후 시작되는 이 장에서 린다는 영원히 소마 휴식기에 빠져든다. 그녀는 소마를 과다 복용해 결국 죽음을 자초한다.

런던의 모든 상류층 사람들이 '야만인' 존을 구경하고 싶어 하면서 존은 갑자기 유명해진다. 버나드는 헬름홀츠에게 자신의 여성편력에 대해 자랑을 늘어놓아 헬름홀츠를 안타깝게 하며, 무스타파 몬드에게는 훈계조의 보고서를 올려 그를 분노하게 만든다.

한편, 존은 이 '멋진 신세계'에 대해 점차 환멸을 느끼기 시작한다. 그는 포드식의 공장을 견학하는 동안 혐오감으로 구토를 하고, 이튼스쿨을 방문해서는 도서관에 셰익스피어 작품이 없다는 사실을 알게 된다. 그리고 레니나와 촉감영화를 보며 데이트를 한 후에는 불쾌감을 느끼면서 그것을 셰익스피어 작품 〈오델로〉와 비교한다.

레니나는 존이 데이트를 한 후 집까지 데려다줄 뿐 섹스

를 하지 않고 떠나자 실망한다. 그는 자신이 그녀를 사랑할 자격이 없다고 생각하고, 레니나는 그의 반응에 크게 당황하고 좌절한다.

이 장에서 헉슬리는 존이 포드의 세계인 런던에서 소마를 복용하고 촉감영화를 감상하는 등 상상과 시의 영역에 가까운 활동을 목격하는 장면을 그리고 있다.

헉슬리는 소설 초반부에서 소마의 효과를 소개했다. 따라서 린다가 다시 소마를 접하고 영원히 소마 휴식에 빠져드는 것은 그리 놀랍지 않다. 하지만 존에게 소마는 새로운 것이다. 헉슬리는 소마가 어머니의 수명을 단축시키지 않을까 하는 존의 걱정을 기화로 다시 한 번 소마의 기능에 대해 상세히 설명한다. 쇼 박사는 소마가 주는 혜택을 장황하게 설명하면서 '영원'이라는 단어를 사용하고, 존은 셰익스피어의 시를 통해 그 개념을 떠올린다. 뿌리를 잃어버린 존은 아주 드물게 순간적으로나마 공감을 느낀다.

또한 이 장에서는 촉감영화에 대해서도 상세히 기술하고 있다. 이것은 영화의 형식에 냄새와 촉감을 결합시킨 대중 오락이다. 버나드는 촉감영화를 자신의 지적 수준에 미치지 못하는 천한 것으로 경멸한다. 하지만 헉슬리는 존의 경험을 묘사하면서 이 영화의 장점과 단점을 명백히 보여주고 있다.

16장에서 무스타파 몬드도 촉감영화는 '단지 풍부한 쾌감을 줄 뿐'이라고 설명한다.

이 장에서 드러난 바와 같이, 촉감영화는 마음(또는 개인의 조건반사화 과정)에 영향을 미치지 않으면서도 감각만을 자극하고 진정시켜주는 기능을 한다. 스토리는 일종의 포르노 영화처럼 전개되지만, 관람객이 사회 질서에 대해 의구심을 가질 만한 어떤 요소도 포함되어 있지 않다는 점에서는 보수적이라고 할 수 있다.

독자는 촉감영화를 등장시킨 헉슬리의 풍자에서 인종 문제의 요소들이 개입되어 있음을 주목해야 한다. 촉감영화의 스토리는 흑인 남성이 백인 여성을 납치해서 강간한다는 내용이다. 이 풍자는 가상의 미래 세계뿐 아니라 현재 세계에도 시사하는 바가 크다. 기술 수준은 다를지 몰라도 편견은 여전히 존재하는 것이다. 또한 나중에 존이 촉감영화를 〈오델로〉와 비교하면서, 〈오델로〉의 비극적 영웅 역시 흑인이라는 사실을 연상하는 대목도 주목할 만하다.

촉감영화의 감각적 자극은 존에게 깊은 충격을 안겨준다. 왜냐하면 무의식적으로 받은 조건반사화 교육과 시적 학습 때문에 섹스를 위험하고 더러운 영역으로 인식하고 있기 때문이다. 그와는 대조적으로, 레니나는 그런 자극에 열광적으로 반응하며, 데이트를 섹스로 마무리하지 않는 존의 태도에 당황하고 실망한다. 그 경험을 계기로 존은 자신이 이해하는 세계인 셰익스피어에 다시 집착하게 되고, 문명화된 런던 사람들로부터 더욱 고립된다.

이제 '야만인'으로 불리고 있는 존과는 대조적으로 버나드의 개성이나 사회에 대한 저항은 깊이가 없는 것 같다. 유명인사와의 관계를 통해 사회적 보상을 얻고자 하는 그는 권력과 명성을 얻으려고 열을 올린다. 마침내 존과의 관계 덕분에 여성들 사이에서 큰 인기를 누리게 된 버나드는 예전에 자신이 오락을 위한 섹스에 반대했던 사실을 까맣게 잊고 열정적으로 여성들과 문란한 성관계에 빠진다. 그리고 사회적 관심을 끌기 위해 공개적으로 이단적인 관점을 표출하고, 심지어는 무스타파 몬드에게 존에 관한 보고서를 올리면서 설교를 늘어놓기도 한다. 상급자들이 그에 대해 터뜨리는 불만은 버나드가 결국 추락하게 될 것임을 알리는 사전 경고다.

갑작스럽게 권력과 인기를 얻은 버나드의 경험은 존이 점차 강하게 느끼고 있는 환멸과는 뚜렷한 대조를 이룬다. 특히 존이 보카노프스키 집단으로 채워진 공장을 견학하면서 혐오감으로 구토를 하면서, 심오한 풍자를 내포하게 된 인용구 '멋진 신세계'를 되뇌는 장면에 주목해야 한다.

Chapter 12

헬름홀츠의 한계

　'멋진 신세계'가 혐오스러워진 존은 '캔터베리 찬미 합창단 단장'을 위해 개최된 파티에 참석하지 않는다. 이로 인해 버나드는 몹시 당황하고, 결국 새롭게 얻은 인기를 잃게 된다.

　존과 버나드를 만난 헬름홀츠는 자신이 창작한 반사회적인 시를 들려준다. 시를 듣고 난 존은 용기를 내어 셰익스피어의 시를 큰 소리로 읊조린다. 헬름홀츠는 처음에는 존이 들려준 시적 언어에 흥분하지만, 사랑과 섹스에 관한 셰익스피어의 표현이 자신이 받은 사회적 조건반사화 교육과 충돌하자 크게 웃음을 터뜨리며 조롱한다.

 촉감영화보다 셰익스피어를 선호하는 존의 성향은, 감정을 창조하고 표현하며 사회 균형을 깨뜨릴 수 있는 언어의 힘을 주제로 한 토론으로 이어진다. 또한 이 장은 존이 버나드를 거부하고, 대신 생각이 깊은 헬름홀츠와 더 가까워지는 모습을 그리고 있다.

인물탐색 매우 중요한 사교모임에 참석해 달라는 버나드의 요청에 존은 두 가지 방식으로 거부한다. 그 중 하나는 문을 잠근 채 나오지 않는 것이고, 다른 하나는 맬파이스 언어인 주니 말을 사용하는 것이다. 두 가지 모두 런던 사회의 거물들에 대한 무관심과 자신이 그들과 무관한 독립적 존재임을 표현한 것이다. 자신의 지속적인 사회적 성공을 보장해 주도록 사회 유명인사로 행세해 달라는 버나드의 요구에, 존은 주니 말을 하며 맬파이스에서 형성된 정체성을 되찾고 셰익스피어의 시에서 위안을 구한다. 버나드의 무기력과 분노에 찬 존의 환멸감은 뒤에 전개될 장에서 점차 고조되어 클라이맥스에 이르고 결말로 치닫는 사건들을 일으키게 된다.

이 장에 드러난 주요 개념은 헬름홀츠가 갑자기 창작해 낸 시를 통해 분명히 드러난다. 그 시는 수면학습과 촉감영화의 시나리오 작가인 그가 흔히 창조하는 슬로건이나 기발한 문구와는 성격이 다르다. 고독이라는 이 시의 주제는 위험한 반사회적 경향을 드러내고 있는데(이 사실은 즉시 당국에 보고된다.) 존은 이 시를 듣고 시적 감흥을 일으켜 셰익스피어의 시를 읊조린다.

존이 읽어주는 시를 듣고 헬름홀츠가 기쁨과 흥분을 보이는 모습은, 그가 진실한 시를 감상하고 창조할 수 있음을 암시한다. 헉슬리는 독자들에게 그런 놀라운 가능성을 제시해 놓고는, 〈로미오와 줄리엣〉에 나오는 구절에서 헬름홀츠가 큰 웃음을 터뜨리는 장면을 등장시켜 돌연 그 기대를 저버린다.

인물탐색 셰익스피어를 감상할 수 있는 헬름홀츠의 능력은 거기까지가 한계였다. 그 이후로 헬름홀츠는 조건반사화된 마음에 지배되어 시적 상상력이 불러일으키는 미래상을 존과 공유하지 못한다. 헬름홀츠가 진실한 시를 이해하는 데 한계를 드러내고 존과 공감하지 못함으로써 이 장은 서글픈 결론으로 끝을 맺는다. 즉, 자유로운 존재의 가능성과 시적 잠재성을 지닌 인물이 조건반사화된 편협한 정신과 마음에 구속당하는 모습으로 종결되고 마는 것이다.

이 장에서는 무스타파 몬드가 저작물 하나를 검열하며 흥미롭게 느끼면서도 사회적으로 위험하다고 판단해 출판금지 명령을 내리는 장면도 주목할 만하다. 16장과 17장에서 몬드는 통치자로서의 책임에 대해 더욱 혼란스러운 감정을 표출한다.

인물탐색 존이 자신을 계속 피하자 점차 우울해지는 레니나도 주목할 필요가 있다. 진실한 감정에 익숙하지 않은 레니나는 자신이 느끼는 불행을 열정 대치 처리요법을 통해 화학적으로 유발시킨 감정에 비유할 수 있을 뿐이다. 이런 자연스런 감정에 빠진 레니나는 현실 세계에서 로맨틱한 사랑에 빠질 때 나타나는 것과 유사한 무의식적인 행동을 보인다. 한 예가 멍하니 달을 쳐다보고 있는 모습이다.

헉슬리는 존의 자제심과 캔터베리 찬미 합창단 단장이 죄책감 없이 레니나에게 성적 욕망을 드러내는 모습을 극적으로 대비시키고 있다. 존의 행동과는 달리, 원장은 반이상향에서 신성하고 관습적인 모든 것의 상징인 T형 장식이 달린 레니나의 지퍼를 격렬하게 잡아당긴다.

Chapter 13

 줄거리 동상이몽(同床異夢)

수줍어하는 존 때문에 좌절감을 느낀 레니나는 자신이 적극적으로 주도해 성관계를 가지려고 한다. 존이 맬파이스의 전통과 셰익스피어의

시에 대해 설명해 주는 동안 당황한 레니나는 갑자기 거리낌 없이 옷을 벗고는 그에게 접근한다. 성적으로 자유분방한 레니나의 태도에 경악한 존은 그녀를 밀쳐내고, 매춘부라며 죽이겠다고 으름장을 놓는다. 레니나는 두려움에 사로잡혀 황급히 자리를 떠난다.

: 풀어보기

　　이 장에서 레니나는 존이 적극적으로 행동하기를 마냥 기다리기보다는 자신이 먼저 접근해 성관계를 갖기로 결심한다. 그녀는 존을 적극적으로 유혹함으로써 그의 폭력적인 면을 들춰내게 된다.

　　런던을 방문한 이후 지금까지 존은 기이하고 천진난만하게 보여졌고, 버나드의 파티 초대를 거절한 경우만 빼고는 비교적 친절한 인물로 여겨졌다. 이 야만인과 성관계를 맺고 싶어 하는 레니나는 좌절감을 느끼고 존의 무관심을 단순히 수줍음 때문이라고 해석한다. 그리고 자신이 적극성을 보이면 그것을 극복할 수 있다고 보았다. 레니나는 존의 성적 자제심이 뿌리 깊은 가치관과 신념의 표현일지도 모른다는 생각은 전혀 하지 못한다.

　　인물 탐색 레니나의 좌절감은 3장에서 한 학생이 젊은 여성과 성관계를 갖기 위해 한 달을 기다려야만 했다고 회상하는 사례를 떠올리게 한다. 레니나의 갈망처럼 그 학생의 감정은 '끔찍한' 것이었지만, 결국 그 열정은 섹스를 통해 해소되었다. 존에게 적극적으로 접근해 반사회적 감정을 극복하라는 패니의 충고를 받아들인 레니나는 역시 자신도 그 학생처럼 열정을 해소할 수 있을 것으로 기대한다. 레니나는 섹스를 유희로 생각하고, 남녀관계를 유연하고 변화무쌍한 것으로 받아들이도록 조건반사화 교육을 받았기 때문에 존을 향한 호기심과 호감 따위가 사실 사랑으로 발전할 수 있는 진지한 감정이라는 사실을 인식하지 못한다.

결과적으로 레니나의 유혹 장면은 두 사람 모두 상대방이 진실로 어떤 생각과 감정을 가지고 있는지 전혀 모른 채 코미디로 끝나버리고 만다. 레니나의 계획은 솔직하고 대담하다. 몸으로 직접 접근하고 옷을 벗어 던진 다음, 몇 마디 사랑의 노래를 속삭인다. 그 이후의 결과는 당연히 자연스럽게 섹스로 이어질 것으로 예상한다. 하지만 사랑을 풀어가는 존의 관점은 좀더 복잡하다. 맬파이스의 전통과 셰익스피어의 시에 따르면, 일정 기간의 시련과 강제적 노고를 거친 후에야 사랑하는 이와 결혼할 자격이 주어지게 된다.

하지만 반이상향에서는 시련, 수고, 결혼 따위는 아무런 의미가 없다. 그에게 성적인 접근을 시도하는 레니나는 존의 교육적 원칙에 따르면 훌륭한 여성의 기준을 이탈하고 있다. 존의 시각으로 볼 때, 레니나는 고통을 겪으면서 얻어야 할 대상이 아니라 창녀, 즉 경멸스러운 매춘부와 다를 바 없었던 것이다.

존은 어린 시절 경험을 통해 섹스를 폭력과 연관짓는
경향이 있다. 그래서 레니나에 대한 낭만적인 환상이
사라져버리자 갑자기 조건반사화된 행동을 보이기 시작한다.
존은 그녀를 격렬하게 흔들어대고 구타하고 죽이겠다고 위협
하면서 부정한 여성들에 관한 셰익스피어의 가장 열정적인 시
구를 중얼거린다. 그 격렬한 시에서 들려오는 '북소리와 음악'
은 분노에 찬 그를 더욱 자극한다. 여기서 헉슬리는 억압의 소
멸과 강렬한 감정표현이 음악과 관련성을 가진다는 점을 강조
한다. 존의 격렬한 감정폭발은 나중에 런던을 떠난 후 자신의
죽음을 초래하게 될 열정의 분출을 예고하고 있다.

Chapter 14

린다의 죽음

존은 린다의 임종을 지켜보기 위해 죽음을 앞둔 환자들이 입원해 있는 파크레인 병원에 간다. 병실에는 음악이 흐르고 향기가 진동하며 대형 텔레비전이 켜져 있고 환자들에게는 끊임없이 소마가 공급된다. 한편, 병상 사이로는 델타 아이들이 뛰놀면서 죽음은 두려움의 대상이 아니라 유쾌하고 유익하다는 것을 배우고 있다.

존은 소음 때문에 죽어가는 어머니와 대화를 나누기가 불가능해지자 아이들에게 화를 낸다. 린다가 소마에서 깨어나 자신을 포페로 착각하자, 존의 비통함은 분노로 바뀐다. 죽음의 순간, 공포에 젖은 린다의 눈은 존에게 원망처럼 비쳐진다. 존은 분노와 혼란에 휩싸인 채 병원을 떠난다.

:풀어보기

이 장은 죽어가는 어머니의 침대 곁을 지키는 존의 복잡한 심리를 극적으로 표현하면서 반이상향 세계에서의 통상적인 죽음의 방식을 상세히 그려내고 있다.

앞의 여러 장을 통해 헨리 포스터, 인공부화 및 조건반사화 연구소 소장, 그리고 무스타파 몬드는 반이상향에서 통용되는 죽음에 관한 사실들과 그런 관습의 기반인 사회 이론들을 설명했다. 반이상향에서는 모든 사람들이 화학치료를 통해 젊은 외모를 유지하다가 60세에 이르면 '급격한 노쇠' 현상으로 죽음이 다가와 정신적·육체적 능력이 쇠퇴한다. 이곳에서 죽음은 청결하고 유쾌하고 의미가 없으며, 개인의 종말은 중요하지 않다는 사회적 신념이 강조된다. 따라서 린다가 소마에 취해 누워 있는 병실의 광경은 반이상향의 기준에서 보자면 지극히 자연스럽다.

하지만 맬파이스에서 삶과 죽음을 목격했고 셰익스피어 작품을 통해 감정적인 죽음을 느낄 수 있는 존은 린다의 죽음 앞에서 그들과는 전혀 다른 의식을 표출한다. 쾌활한 간호사들과 호기심 많은 델타 어린이들 때문에 신경이 날카로워진 상태에서 존은 어린 시절 어머니에 대한 기억을 떠올리며 어머니에 대한 사랑을 다시 불러일으키고, 어머니의 죽음이 자신에게 주는 의미를 되새겨보고자 한다. 비록 어수선한 환경으로 인해 주의가 흐트러지고 아이들 때문에 화가 났지만, 그는 어머니와 죽음을 초월해 영원한 결합을 희망하고 있다.

그러나 린다가 '포페'라는 이름을 언급하자, 존은 소마와 섹스에 대한 환상이 어머니와 자신을 멀리 갈라놓았음을 깨닫는다. 결국 린다는 최후까지 존의 어머니가 아니라 잘 길들여진 포드 시대 사람으로 남는다. 실제로 그녀는 최후의 순간까지 존에게 '나의 아들'이나 '사랑한다'는 말을 하지 않고, 오직 유희적 섹스에 관한 수면학습의 암시문구만 어렴풋이 떠올린다. '모든 인간은 다른 모든 인간에게 속해 있…'

문체탐색 헉슬리는 린다의 마지막 표정을 '공포에 질려 있다'고 묘사했다. 이는 그녀가 자신의 운명이 다했음을 깨달았다는 사실을 기술한 것이다. 존에게는 그 표정이 자신을 책망하는 것처럼 보인다. 사실, 그는 자신이 어머니를 죽였다고 믿는다. 이러한 존의 죄의식은 뒷장에서 결국 자신을 폭력과 고립으로 몰아간다. 그리고 헉슬리는 이 장의 맨 마지막에서 존이 호기심 많은 한 어린아이를 거칠게 밀어붙여 바닥에 쓰러뜨리는 장면을 기술함으로써 그런 결말에 대한 암시를 던져주고 있다.

Chapter 15

:줄거리 폭동을 야기시키는 존

병원 대기실에서 존은 델타 계급 사람들이 소마를 배급받기 위해 줄을 서는 모습을 목격한다. "아아, 멋진 신세계여." 존의 머릿속에서 이런 목소리가 공허하게 메아리친다.

갑자기 용기가 생긴 존은 델타 사람들에게 그 약을 포기하라고 외친다. 그들이 반응을 보이지 않자 그는 약을 창문 밖으로 내던지고, 이 때문에 델타 사람들은 폭동을 일으킨다.

존을 구하려고 도착한 버나드와 헬름홀츠도 폭동에 휘말리게 된다. 경찰이 와서 세 사람을 체포한다.

:풀어보기

짤막한 사건으로 이루어진 이 장은 반이상향에 대한 존의 인식변화에 초점을 맞추고 있다. 이 사건은 소설을 결론으로 이끄는 계기로 작용한다.

존이 인용하는 '멋진 신세계'는 셰익스피어의 연극 〈템페스트〉에서 미란다가 전에 한 번도 본 적이 없는 외부 세계의 사람들을 목격하고 던진 말이다. 존은 이미 이 말을 두 차례 더 인용한 바 있다. 첫 번째는 5장에서 존이 맬파이스를 찾아온 버나드와 레니나를 만난 후 사용했는데, 그때는 기쁨에 겨워 솔직한 감정을 표현한 것이었다. 두 번째는 8장에서 존이 똑같이 생긴 보카노프스키 그룹이 공장에서 일하는 광경을 목격하고 사용했다. 하지만 그때는 비인간적으로 똑같이 생긴 그들의 모습을 보고 느낀 혐오감을 풍자적으로 표현한 것이었다.

이 장에서 존은 델타 성인들이 소마를 배급받기 위해 줄을 서 있는 것을 목격하고, 또다시 그들의 생김새가 똑같은 사실에 경악하면서 그 인용구를 되풀이한다. 하지만 이 상황에서는 반이상향 세계를 그가 한때 생각했던 아름다운 이상향으로 바꿔놓으라고 그에게 명령하는 것처럼 보인다.

주제탐색 갑작스런 존의 용기 있는 행동을 통해, 헉슬리는 미검열 문학—〈템페스트〉의 인용구—뿐 아니라 격렬한 감정, 예를 들면 어머니의 죽음에 대한 슬픔이나 병실에서 델타 어린이들과 소마 배급을 받기 위해 줄을 서 있는 델타 성인들에 대한 혐오감 따위가 사회 불안을 야기할 수 있다는 이 세계의 통념을 입증하고자 한다. 델타 사람들에게 소마는 독이라며 피해야 한다는 존의 주장은 안정적인 사회에 불안의 불씨로 작용할 가능성이 있는 것이다. 존이 소마를 창문 밖으로 내던졌을 때 폭발한 델타 사람들의 분노는 실제로 사회 불안의 가장 단순하고 직접적 형태인 폭동을 야기했다. 그리고 소마의 증기와 그들의 마음을 진정시키는(반혁명적인) 말이 즉시 그 불안을 잠재웠다.

인물 탐색 그의 구애에 당황하는 레니나, 자유에 대한 그의 외침에 분노하는 델타 사람들처럼 반이상향 사람들의 심리적 저항에 부딪힌 존은 먼저 시를 읊조리기 시작하고, 이어 욕설을 퍼붓다가 결국 폭력을 행사한다. 자신의 가치관과 말을 이해하지 못하는 사람과 대면할 때마다 그의 마음속에서는 좌절과 분노가 끓어오른다.

이런 점에서 존은 결코 악당이 아니며, 그렇다고 영웅도 아니다. 맬파이스 사람들과 셰익스피어는 그의 마음속에 미와 전통뿐 아니라 격렬한 분노의 씨앗을 뿌려놓았다. 이 장에서 존은 대담한 생각을 드러내기는 했지만, 자신이 생각하는 이상주의적 혁명가는 되지 못한다.

또 폭동에 적극 개입하는 헬름홀츠의 태도는 체포될까봐 전전긍긍하며 주저하는 버나드의 태도와 대조된다는 점도 주목할 만하다. 헌신과 비겁함으로 대비되는 이런 특징은 세 사람이 세계 국가의 총재 무스타파 몬드의 심판을 받는 다음 장에서도 계속 드러난다.

Chapter 16

:줄거리 심판

존, 버나드, 헬름홀츠는 무스타파 몬드의 심판을 받는다. 함께 모여 사회적 통제가 필요한 여러 이유들을 논의한 후, 몬드는 폭동개입을 문제 삼아 버나드와 헬름홀츠를 포클랜드 섬으로 추방한다. 버나드는 경악하지만, 헬름홀츠는 사회적 순응이 강요되지 않는 새로운 삶을 받아들인다.

:풀어보기

소마 폭동의 결과가 전개되고 있는 이 장에서 무스타파 몬드는 진실과 자유를 희생해서라도 행복과 안정을 유지해야 한다고 강조한다. 어떤 점에서 존과 헬름홀츠는 이런 대화를 기다려왔다. 무스타파 몬드는 이상적인 사회 체제에 대해 그들이 불만족스럽게 여기는 모든 것을 설명해 준다.

인물 탐색 법을 만들었고, 따라서 법을 위반할 자격이 있는 세계 총재는 자신의 반사회적 경향을 털어놓는다. 몬드는 젊은 시절 한때 금지된 과학에 심취했다가 그것을 포기하고 반이상향의 가치를 받아들였다고 고백한다.

그는 책임 있는 자리를 선택함으로써 추방위기에서 벗어났지만 지금도 때때로 그 결정을 후회한다고 말한다. 어쨌든 그 후로는 사회 공학을 이용해 사람들을 행복하게 만드는 임무에만 전념했다고 설명한다. 반이상향 세계의 지배자로서 이 세계의 단점도 잘 알고 있는 몬드는 헬름홀츠와 존이 제기하는 여러 의문에 완벽한 대답을 해줄 수 있는 인물이다.

몬드는 헬름홀츠와 존과 논쟁을 벌이면서 문학에 대한 그들의 애착을 인정해 준다. 하지만 그는 셰익스피어와 촉감 영화를 비교하면서 셰익스피어 작품의 무용론을 주장한다. 그는 사회적 이유로 시를 반대한다. 셰익스피어의 비극은 위험스러운 불안을 필요로 하는데, 이는 이미 낡은 개념이라는 것이다. 이 시대에는 미와 진실보다는 안정이 진정한 인간적 가치를 나타낸다고 말한다.

몬드는 이 특이한 설교에서 인간에 대한 사회적 통제를 옹호한다. 심지어 인간의 행복이라는 이름으로 태아를 발달시키면서 뇌에 고의로 손상을 가하는 행위조차 정당화한다. 모든 인간을 알파 인간으로 만드는 것이 바람직하지 않느냐는 존의 생각을 몬드는 즉시 반박한다. 가장 이상적인 사회는 수면 아래로 9분의 8이, 수면 위로 9분의 1이 솟아 있는 '빙산을 모델로 했다'는 것이다.

 자신의 사회에서는 모든 사람이 행복하다는 몬드의 선언은 엡실론 출신의 엘리베이터 안내원의 이미지를 연상시킨다. 그 엡실론 사람은 건물 옥상의 모습을 잠깐 엿보면서 기쁨의 탄성을 지르지만, 곧 또다시 어둠 속으로 하강해야만 했다. 몬드는 반이상향에 대한 자신의 관점에 대단히 만족하고 있는 것으로 묘사되지만, 헉슬리는 자유와 정의의 문제를 독자의 판단에 맡긴다.

인물 탐색 세 인물이 몬드를 상대하는 방식이 제각기 다르다는 점도 주목할 만하다. 존은 이 멋진 신세계에서 자신의 가치관을 (공유하지는 않더라도) 이해할 수 있고 셰익스피어도 잘 아는 인물이 존재한다는 사실에 큰 관심을 보이는 것 같다. 존은 몬드와 직접적이면서도 지적인 논쟁을 벌이는데, 레니나를 상대할 때나 나중에 델타 인간들에게 한 것처럼 욕설을 퍼붓거나 폭력을 행사하지는 않는다.

헬름홀츠의 경우는 세계 총재와 견고한 공감대를 형성하고 있다. 분명 두 사람은 서로를 존경하고 있으며, 몬드는 심지어 추방자인 헬름홀츠가 앞으로 향유하게 될 사회적 순응이 강요되지 않은 흥미로운 미래를 부러워한다.

한편, 버나드는 존과 헬름홀츠와 대조적으로 이전의 대담성과 반항적 기질을 상실한 채 허물어지는 모습을 보인다. 토론 내내 말없이 수심에 차 있던 그는 추방선고를 듣자 발작을 일으키며 쓰러진다. 하지만 17장에서 버나드는 겸허한 태도와 생기를 되찾고 추방을 준비한다.

Chapter 17

:줄거리 진정한 삶이란?

　몬드와 존은 멋진 신세계에 대해, 특히 신의 부재에 대해 토론을 벌인다. 토론과정에서 존은 과학과 조건반사화 훈련을 통해 모든 좌절감을 없앤 사회의 안락한 삶에 대해 혐오감을 표시한다. 몬드는 존이 불행해질 '권리'를 주장하고 있다며 반박하고, 존은 여기에 동의한다.

　이 장의 맨 마지막에서 존은 질병, 가난, 두려움에 대한 모든 공포를 받아들이겠다고 공식적으로 선언하고, 몬드는 "마음대로 하게"라고 간결하게 대답한다.

:풀어보기

　이 장에서 몬드는 자신이 지배하는 세계 국가의 기반인 실용이론을 계속해서 설명한다. 버나드와 헬름홀츠가 부재한 상황에서 몬드와 존은 전통적인 세계, 이를테면 존이 살았던 맬파이스 마을이나 독자들의 세계와 반이상향의 세계를 구분 짓는 사안들에 초점을 맞춘다. 특히 신에 대한 믿음의 문제를 집중적으로 논한다.

몬드와 존의 종교적 경험은 기이하게도 상호보완적인 면이 있다. 몬드는 자신이 읽었던 금서를 통해 신과 종교에 대해 알고 있다. 그는 〈성서〉뿐 아니라 중세의 〈그리스도의 본보기 Imitation of Christ〉, 그리고 뉴먼 추기경*과 윌리엄 제임스**가 쓴 현대 저작물도 두루 섭렵했다. 그와는 대조적으로 존은 맬파이스 마을에서 숭배의식, 단식과 고난을 통한 정화의식을 체험하는 등 현실적인 종교생활을 한 적이 있다.

주제 탐색 자신의 세계에서는 종교가 필요 없다는 몬드의 주장은 다분히 물질주의적이다. 그 주요 개념은 안락한 문화가 신을 무용지물로 만들었다는 것이다. 몬드의 관점에 따르면, 사람들이 노쇠와 불행을 견디지 못해 물리적인 세계를 초월하려고 할 때 종교에 의존하게 된다. 하지만 노쇠와 불행을 퇴치한다면 물리적·물질적 세계에서 쾌락을 누릴 수 있다. 따라서 멋진 신세계에서는 신의 존재가 필요없다. 한편, 존의 주장은 자아부정과 고통이 선한 삶, 유덕한 삶의 수단이라는 믿음에 바탕을 두고 있다. 몬드가 안락함을 인간 경험의 절정으로 보는 반면, 존은 그것을 인간의 정신적 성장과 영적인 삶의 장애물이라고 본다. 그는 영속적인 즐거움과 쾌락을 누리는 삶

---

* **뉴먼 추기경**(John Henry Newman, 1801-90): 영국 국교회에서 로마 가톨릭으로 개종한 성직자·신학자. 엘가의 오라토리오 〈제론티우스의 검〉을 쓴 작가로도 유명.

** **윌리엄 제임스**(William James, 1842-1910): 미국의 심리학자·철학자·소설가. 〈심리학 원리〉 등.

은 '타락'이라고 주장한다.

이런 존의 주장에 대해 몬드는 자비, 인내, 긴 고난 등의 기독교 정신의 가치들이 합당하며 사회적으로도 소중하다는 사실을 인정한다. 하지만 오랜 세월 고통스런 자아부정을 통해 이룰 수 있는 유덕한 삶을 소마로 창조해낼 수 있다고 주장한다. 인상적인 대목은 몬드가 소마를 '눈물을 흘리지 않는 기독교 정신'이라고 기술한 점이다.

주제 탐색 물론, 존은 이런 관점에 즉시 반대한다. 왜냐하면 그의 정의에 따르면, 가치 있는 인간의 삶은 고통과 위험을 수반한 것이며, 고귀함과 용기도 거기에서 나오기 때문이다. 그는 불행과 고통이 자유, 아름다움, 종교의 본질적인 부분이라고 주장한다.

두 사람의 담화는 논쟁과 소설 자체를 클라이맥스로 끌어가는 역할을 한다. 헉슬리는 자유와 안락함 사이의 선택이라는 문제를 제기한다. '야만인' 존은 자유의 필요성을 주장하는 반면, 몬드는 멋진 신세계의 안정과 안락함을 강조한다. 두 가지 상반된 세계관은 두 사람의 마음속에서는 결코 타협될 수 없지만, 헉슬리는 독자들에게 중도의 길을 찾을 수 있는 가능성을 열어둔다.

이제 몬드와 존은 정면으로 대치하게 되었고 선택안은 분명해졌다. 통제는 자유를 희생으로 한 안락을 의미한다. 하지만 자유는 질병, 굶주림, 불행의 가능성을 의미한다. 선택의

기로에 선 존은 몬드가 열거한 온갖 공포들을 다 듣고 난 다음, 오랜 침묵 후에 이렇게 대답한다. "나는 이 모든 것을 요구합니다."

문제 탐색 자유로 인해 초래될 갖가지 불행의 제시, 존의 망설임, 그리고 "마음대로 하게"라는 간단한 대답을 통해 드러난 몬드의 방관자적 태도 등은 존이 내린 선택의 극적인 효과를 반감시키는 작용을 한다. 몬드에 의해 정의된 자유의 선택은 진정한 승리가 아니었고, 따라서 존은 진정한 영웅이 되지 못한 것이다.

이 장에서 몬드와 존은 모두 불완전한 면을 보여준다. 그들의 상반된 세계관은 깊이가 얕고 창조성이 부족하다. 논의의 결론은 존을 고립으로 몰아넣는다. 하지만 헉슬리는 독자들에게 두 인물이 내세운 주장들을 고찰하고, 현실 세계로 눈을 돌려 삶을 구속하기보다는 개선할 수 있는 자유와 통제의 조화에 대해 생각해 보는 계기를 마련해 준다.

Chapter 18

:줄거리 존의 자살

이제 안정을 되찾고 체념한 버나드가 헬름홀츠와 포클랜드 섬으로 떠날 준비를 하는 동안, 존은 자신이 거부한 사회로부터 동떨어진 은신처에 은둔할 계획을 세운다.

런던 교외의 한 등대에서 존은 '문명을 먹은' 자신을 정화하고자 한다. 단식을 하며 자신을 채찍질하고 구토하면서 린다의 죽음에 대한 죄책감과 레니나와의 성적 접촉에 대한 두려움을 떨쳐버리고자 하는 것이다.

기자들, 영화제작진과 군중이 그의 은신처에 침입한다. 사랑의 열병으로 상심해 있는 레니나가 직접 존을 찾아왔을 때 그는 그녀를 채찍으로 공격한다. 그러자 폭동이 일어나고, 폭동은 곧 광란의 섹스 파티로 변질된다.

다음날 존은 녹초가 된 상태로 소마에서 깨어나고 전날 밤에 일어난 일을 떠올린다. 절망과 자기혐오감에 빠진 그는 자살한다.

:풀어보기

이 소설의 마지막 장에서 '야만인' 존은 영원히 떠나기로 한 멋진 신세계와 물리적으로 충돌한다. 이 갑작스런 폭력

사태는 충격적이긴 하지만 버나드와 레니나가 맬파이스를 방문한 이후로 줄곧 예정되어 있던 일이다. 어떤 면에서는 그 두 사람이 그 야만인 보호구역에서 목격했던 채찍 의식을 연상시킨다.

홀로 은신처로 들어간 존은 자기파괴적인 정화의식을 치르면서 진정한 종교적 느낌을 표출한다. 어머니의 죽음에 대한 기억으로 고통스러워하고, 활을 만드는 등의 금욕적인 생활을 하면서 단순한 쾌락조차 거부한다.

주제탐색 존이 강력한 자기처벌을 행하고 영적인 감정에 뚜렷한 초점이 없다는 사실은 그의 삶이 그리스도교의 은둔자들보다는 오로지 마음속의 죄의식에 영향을 받고 있음을 분명히 드러낸다. 반이상향이 이기적인 안락만을 추구하는 끔찍한 세계라고 한다면, 존이 은신처로 삼은 등대 또한 자발적 고통만을 야기하는 끔찍한 삶을 보여주는 곳이라고 해야 할 것이다. 두 세계는 대조적이면서도 똑같이 공허한 목적상실의 세계를 상징한다.

그와는 대조적으로, 버나드는 헬름홀츠와 함께 포클랜드 섬으로 떠날 준비를 하면서 보다 성숙한 태도를 보인다. 두 사람이 서로를 진정으로 배려해 주는 모습에서, 그리고 그들이 살게 될 섬에 어느 정도 자유가 보장되어 있다는 점에서 그들에게는 현 세계보다 훨씬 인간적인 삶이 기다리고 있음을 암시한다.

여전히 언론 공세를 피할 수 없는 사회의 외곽에서, 존은 마사키 소녀의 구혼자가 독충의 공격을 참아내듯이 친구들보다 훨씬 더 가혹한 고통을 겪는다. 죄의식에 짓눌린 채 고립 생활을 하는 존은 레니나에 대한 육체적 욕망이 솟아오를 때마다 자신에게 채찍질을 가한다. 그의 이런 참회의 모습을 구경하기 위해 군중이 몰려들고, 그들은 마치 동물원의 동물을 구경하듯 흥미롭게 지켜본다.

인물탐색 결국 존의 은신처는 그의 감옥이 되고, 정화의식은 관광객들의 구경거리가 된다. 존은 자신이 증오하는 문명에서 벗어났지만, 통제 불능의 갈망과 혐오에 몸부림치며 자신 안에 갇혀버린 꼴이 되고 만다. 진정으로 인간적인 삶을 열망했던 존은 군중의 눈에는 오히려 인간 이하의 존재로 보인다.

존의 성적 감정은 여전히 폭력과 관련되어 있다. 이는 맬파이스에서 무의식적으로 조건반사화된 교육을 받은 결과다. 레니나를 향한 성적 욕망에 대한 죄의식은 극도의 분노를 일으켜 습관적인 채찍 의식으로 폭발한다. 채찍 의식은 성적 쾌락을 마음속에서 떨쳐버리려는 것이었지만, 레니나에게 채찍질 하는 것을 상상하면서 원래 의도는 분노와 욕망에 휩쓸려 사라지고 만다. 그리고 그 혼란스런 모습은 이 장의 마지막 장면을 예고하고 있다.

그 '속죄의 난장판' 사건은 두 세계의 갑작스럽고 폭발적인 결합을 보여준다. 종교적·성적 광기(5장에 나온 단결예배 의식과 유사한 장면)에 압도당한 존이 레니나를 격렬하게 공격하면서 군중은 조건반사화된 반응인 '속죄의 난장판'에 휩싸인다. 이로써 존은 자기 의도와는 달리 그토록 물리치려 했던 성적 욕망에 굴복하면서 탈출하고자 했던 멋진 신세계에 융화되고 만다.

존의 자살은 조건반사화된 린다와 레니나처럼 성적 방

종에 빠진 것에 대한 자기혐오를 드러낸 것이다. 그의 죽음으로 인해 사회적으로 승인된 머나먼 섬 이외에, 반이상향을 벗어나 독립적으로 살거나 내부에서 그곳을 변화시킬 수 있는 가능성은 완전히 사라진 셈이다.

〈멋진 신세계〉의 서문에서 밝혔듯이, 훗날 헉슬리는 야만인 보호구역과 런던이라는 세계의 중간 지대를 설정하여 존에게 세 번째 선택을 제시해 주지 않은 것을 유감으로 생각했다. 그는 〈다시 찾은 멋진 신세계〉에서 그런 중간 지대를 상상해 볼 수 있는 방법을 제공한다. 하지만 원작의 결말에서는 인간적인 사회의 열렬한 옹호자가 죽음으로써 그 꿈은 사라져버린다.

인물분석
노트

○ 버나드 막스

작품의 초반부에서 조명을 많이 받기 때문에, 처음에는 그를 주인공으로 착각하기 쉽다.

완벽한 사람들이 살아가는 사회에서 버나드의 결점인 작은 키는 조롱거리가 된다. 혈액 대용제 속에 알코올이 들어갔기 때문이라는 소문이 있다. 그 때문에 그는 화학적으로 하층계급에 해당하는 인물로 인식되고, 알파 플러스 사람으로서 대접을 받지 못한다. 버나드 자신도 신장에 대한 다른 사람들의 반응에 몹시 신경을 쓴다. 그의 자신감 결여는 바로 동료들의 거부에 대한 두려움에 기인한 것이다.

버나드의 열등감은 이기심, 즉 감정은 풍부하지만 실천하지 못하는 자기중심적 사고방식 때문에 점차 내적인 분노로 변한다. 그는 자신이 강하다고 느끼길 원하고 자유롭게 행동하는 당당한 개인이 되고 싶지만, 아무런 창조성도 용기도 보여주지 못한다.

아웃사이더로 낙인찍힌 버나드는 자신을 거부하는 사람들에게 혐오와 분노를 쌓아간다. 그는 헬름홀츠에게 자신의 반사회적인 감정을 과장하거나 하소연하기도 한다. 하지만 상급자들을 상대할 때는 철저히 복종하고 비굴한 태도를 보인다. 그는 갑자기 사회적인 성공을 거두자 존과의 친분을 최대한 이용해 자신이 한때 그렇게 경멸하던 권력을 거머쥐려고 애쓰고, 주목을 받으려고 자신의 이단성을 과시한다. 이런 점에서 버나드는 위선자라고 할 수 있다.

존이나 헬름홀츠와 비교할 때 버나드는 고독과 심적 고통을 안고 있음에도 불구하고 깊이가 없고 흥미를 끌지 못하는 인물이다. 하지만 존과의 경험과 헬름홀츠와의 우정 덕분에 소설 후반부에서는 보다 성숙한 인물로 거듭난다. 그리고 과거 어느 때보다도 진실한 인간이 되어 포클랜드 섬으로 떠난다.

○ '야만인' 존

존은 멋진 신세계에서 모태로부터 태어난 유일한 인물이며, 다른 인물들과는 달리 정체성과 가족관계가 분명한 인간이다. 그는 두 상류층 부모에게서 태어났지만, 환경이 열악한 야만인 보호구역에서 성장했다. 사람들로부터 거부당하고 사회적으로 단절된 그는 맬파이스 사회에도, 런던에도 속할 수 없다. 그의 유일한 사회는 셰익스피어 작품에 등장하는 상상의 세계이며, 그의 열정과 오도된 이상주의는 늘 그곳에 머물러 있다.

버나드도 가끔 자신을 외톨이라고 생각했지만, 존이야말로 진정한 외톨이였다. 따라서 그의 삶은 혼란과 고통으로 점철되어 있다.

존은 〈멋진 신세계〉에서 가장 중요하고 가장 복잡한 인물이자, 이단자임을 자처하는 버나드와는 완전히 대비되는 인물이다. 버나드의 사회에 대한 불만은 암담한 분노심과 상상 속의 영웅주의로 표현되지만, 존은 비록 현명한 방법이 아닐지라도 자신의 이상을 삶 속에서 실천한다. 레니나의 접근을 피한 것은 그 사회의 가치를 거부하는 행동이다. 그는 델타 인간들을 선동하고 소마를 밖으로 던져버리는 대담한 행동을 한다. 결국 그는 침착하고 현명하게 막강한 무스타파 몬드와 맞서고 자신이 바라던 삶을 찾기 위해 홀로 떠난다. 물론, 비극으로 끝나지만.

존이야말로 인간성을 말살시키는 멋진 신세계에 도전하고 그것을 무너뜨릴 수 있는 유일한 인물이다. 하지만 존은 안팎으로 봉쇄되어 있었기 때문에 그 사회를 변화시킬 수 없었다. 무스타파 몬드는 세계 국가의 힘으로 어떤 불안정한 요소도 단호히 퇴치하겠다는 뜻을 분명히 한다. 하지만 존은 폭력과 자기혐오와 결부된 파괴적 성향에 의해 내적인 한계를 가지고 있다.

존은 습성화를 경멸했지만, 헉슬리는 존 또한 습성화되어 있음을 보여준다. 맬파이스 마을의 열악한 환경 속에서 성장했기 때문에 섹스를 수치스럽고 고통스러운 행위로 생각하며 인간의 덕을 고난과 연관시킨다. 이런 그의 파괴적인 관점은 셰익스피어의 시를 통해 더욱 힘을 얻게 된다.

존이 받은 조건반사화 교육은 자유롭게 행동할 수 있는

능력을 제한하고, 잠재적 영웅으로서 심각한 결함이 되었다. 그의 죽음은 멋진 신세계의 비인간적인 힘 때문이기도 하지만 삶에 대한 불완전한 이해의 결과이기도 한다.

○ 레니나

'대단히 육감적인' 몸매를 가지고 있고, 자신의 성적 매력에 대해 자부심이 강하다. 처음에는 안락과 쾌락과 물질주의가 유일한 가치인, 이 사회의 전형적인 여성처럼 보인다. 하지만 소설이 진행되면서 모순된 인물로, 초기보다는 훨씬 더 복잡한 인물로 묘사된다.

비록 자신은 인정하지 않지만, 레니나는 "모든 인간은 다른 모든 인간에게 속한다"는 사회적 믿음에 기초하고, 조건반사화된 자유로운 성생활의 풍토에 반발하고 있다. 처음에 그녀는 헨리 포스터하고만 장기간 성관계를 맺는 비상식적인 행동을 보인다. 성적 행동이 정상으로 돌아왔을 때도 또다시 사회 부적응자인 버나드 막스를 선택함으로써 반항적인 기질을 드러낸다. 레니나는 자신의 동기를 충분히 이해하지 못한 상태에서, 유희적 섹스의 원칙을 뛰어넘어 자칭 반항아인 버나드보다 훨씬 더 대담한 인물을 상대로 섹스의 감정적 영역을 모색한다.

존과의 관계를 통해 감정적 · 육체적 · 비이성적인 사랑을 경험하지만, 유달리 연약해서 존의 폭력에 두 번이나 희생당한다. 그녀는 조건반사화 교육의 한계를 넘어서 다른 세계를 탐색하는 보기 드문 잠재력을 가지고 있지만 여전히 자유롭게 살지는 못한다.

ㅇ 린다

멋진 신세계의 전형적인 여성이지만, 예기치 못한 사건으로 자신이 살아온 세계와는 전혀 다른 사회에서 산다. 린다는 그곳의 전통적인 도덕을 이해해야 하는 문제에 직면한다. 하지만 어릴 적부터 조건반사화 훈련을 받은 그녀에게 정상적인 도덕을 갖춘 세계란 유희적 성생활이나 기분을 달래주는 마약으로 이루어진 것이었다. 자신이 살던 세계에서 늘 사용하던 소마를 대신할 수 있는 페이오티 환각제와 메스칼 주에 손대는 일 외에는 결코 자신이 살게 된 문화에 적응하지 못한다. 결과적으로, 그녀는 고립되고 아들 존마저 주변적인 존재로 전락시킨다.

린다는 자신이 지적한 대로, 어머니로서의 삶에 대해 교육을 전혀 받지 못했다. 그녀는 아이를 낳은 것을 수치로 여기고, 고향을 그리워하며 항상 메스칼 주와 페이오티에 취해 살면서 한창 성장하는 존의 존재와 요구를 거의 깨닫지 못한다. 그녀는 존에 대해 사랑과 혐오가 복합된 감정을 가지고 있는데, 이런 감정은 포페에 대한 집착으로 더욱 복잡해진다. 린다가 존에게 느끼는 이런 기이한 감정은 분명 존에게 큰 영향을 미친다. 특히 그가 여성과 원만한 관계를 맺는 데 부정적으로 작용한다.

야만인 보호구역에서 오랜 세월 고통과 수치를 안고 살아온 린다는 마침내 자신의 세계로 돌아와 소마에 의지해 장시간 휴식을 취하는데, 곧 그것에 중독되어 죽음을 재촉한다. 마침내 혼란스럽고 분노에 차 있던 그녀에게 찾아온 죽음은 잠시 공포를 불러일으키지만 영원히 그녀를 해방시킨다.

○ 인공부화 및 조건반사 연구소 소장(D.H.C.)

린다가 토마킨이라고 부르는 인공부화 및 조건반사 연구소 소장은 처음에는 행동과 사고방식이 매우 보수적이고, 이 사회의 전형적인 인물처럼 보인다. 상급자에게는 깍듯하면서 버나드 같은 반사회적 성향의 하급자들에게는 엄격하고 잔인할 정도로 냉정하게 대하는 그는 멋진 신세계의 높은 도덕적 기준을 적극 옹호한다.

하지만 역설적으로 자신의 내면세계를 영원히 변화시켰던 강력한 사랑과 후회를 경험한 적이 있다. 린다를 잃은 슬픔과 그녀를 타지에 홀로 남겨두었다는 죄책감은 이 비인간적인 세계에서 우러나온 지극히 인간적인 감정이라고 할 수 있다. 소장은 현명하게도 출세의 길을 밟아오던 오랜 세월 동안 린다의 기억을 깊이 감추고 있었다. 하지만 버나드가 야만인 보호구역을 방문한다는 예기치 않는 말을 듣자 평소의 용의주도함에서 벗어나 흐트러진 모습을 보인다. 그 결과 비밀이 탄로 날 것을 걱정해야 하는 처지가 되고 버나드에게 복수할 기회를 주게 된다.

헉슬리는 이 인물을 통해 비밀 탄로의 두려움과 위선 사이의 연관성을 강조하고 있다. 소장과 린다, 그리고 그들 사이에서 존이 태어난 사실을 버나드가 폭로한 사건은 반사회적 행동을 비난하는 소장의 위선으로부터 그 에너지와 희극적 효과를 얻는다. 이런 점에서 소장의 공개적인 망신은 타락한 종교적 인물이나 존경받는 사회적 인물이 등장하는 픽션에서 위선의 가면이 벗겨지는 전형적인 장면을 연상시킨다. 그렇지만 충격적인 상황으로 인해 장기적인 감정 변화를 보이는 소장의 모습은 매우 인간적이다. 또다시 헉슬리는 조건반사화 학습에도 불구하고 진실한 인간적 감정이 표출될 수 있는 가능성을 암시하지만, 결국 그런 기대를 충족시켜주지 않는다.

o 무스타파 몬드

세계 국가를 통치하는 10명의 총재 중 한 명으로, 과거와 현재, 보수와 혁신의 결합을 상징하는 인물이다. 상반된 두 세계를 잘 알고, 다른 사람들에게는 금지되어 있는 역사에 정통하며, 그의 사고 범위는 현재의 사회 체제를 자유롭게 넘나든다. 자신의 말대로, 그는 법률의 제정자이기 때문에 원한다면 법률을 어길 수도 있다.

몬드가 위험한 지식을 갖추고 있고 금지된 서적을 소장하고 있음에도 안전할 수 있는 이유는, 오로지 막강한 절대 권력을 가졌기 때문이다. 그는 감히 대항할 수는 없지만 그렇다고 만나기 힘든 통치자는 아니다. 몬드는 자신이 통치하는 사회가 억압적이라고 생각하는 헬름홀츠와 존을 만나 그 사회에 내재된 기초적인 원칙들을 놓고 토론을 벌인다. 그는 그 과정에서 권위에 도전했던 젊은 시절의 경험을 고백한다. 몬드는 반체제 인물의 특성을 잘 알고 있다. 그도 한때 그런 부류였으나 방향을 바꿔 사회 안정에 헌신했기 때문이다. 그는 자신의 권력을 자신이 아닌 다른 사람들의 행복을 위해 이용한다고 설명한다.

몬드는 주장을 펼치는 동안 자유, 행복, 문명, 영웅주의 등의 주제에 대해 독특한 관점을 피력한다. 그의 건조한 말투는 이 소설의 풍자적 성격에 크게 기여하는 요소다. 지성과 위트를 겸비했다는 점에서 몬드는 헉슬리와 상당히 닮은 인물이라고 할 수 있다.

○ 헬름홀츠 왓슨

친구 버나드와는 정반대의 인물이다. 감정을 겉으로 드러내지 않고 안정적인 모습을 보여준다. 무분별한 유희적 성관계와 소마에 진력이 난 그는 쾌락을 끊고 앞으로 보다 가치 있는 활동을 하기 위해 에너지를 비축한다. 이런 점에서 헬름홀츠는 버나드보다 더 진정한 반항아라고 할 수 있다.

헬름홀츠는 멋진 신세계 시민들의 삶이 무의미하다는 생각을 가지고 있다. 그는 그것을 표현하려고 하지만 적절한 말을 찾지 못한다. 자신의 공허감에 대한 의미와 표현을 찾고자 노력하는 그는 이 소설에서 가장 인간적이고 매력적인 인물들 중의 한 사람이라고 볼 수 있다.

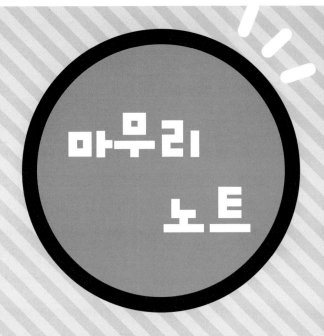

마무리
노트

〈멋진 신세계〉에 나타난 사회와 개인

"모든 사람은 다른 모든 사람에게 속한다." 헉슬리의 미래 세계에 나오는 젊은이들의 꿈속에서는 이런 목소리가 들린다. 이는 우정과 사랑의 독자성을 억압하는 수면학습의 암시다. 어떤 점에서 이 세계에서는 모든 개인이 다른 모든 개인과 동일한 존재다. 모든 태아에 대한 조건반사화 훈련, 수면학습, 그리고 관습의 힘은 모든 개인을 호환 가능한 사회의 부속품으로 만들어 버렸고, 이는 전 사회가 원활하게 움직이는 데 매우 중요하다. 이런 세계에서는 사회적 안정이 절대적인 가치이므로 개성은 무용지물이며 동일성만이 중요하다.

첫 번째 장에서 인공부화 및 조건반사 연구소 소장(D.H.C.)은 실제로 동일한 인간의 대량생산을 가능케 한, 그럼으로써 개성의 말살이라는 헉슬리의 주제를 소개하는 생화학적 기술을 자랑스럽게 설명한다. 수십 개의 동일한 난자를 성숙시켜 인간의 정상적인 발달을 저해하는 보카노프스키 과정은 개인의 고유한 특질을 고의적으로 제거함으로써 인간 통제에 필요한 과도한 과정을 불필요하게 만든 시스템이다.

감마, 델타, 엡실론 인간들의 동일성은 알코올 따위의 독을 세심하게 주입함으로써 가능해진다. 헉슬리의 세계에서 이렇게 탄생한 '하류 인간들'은 독립적인 사고를 할 수 없고 오로지 육체적인 노동의 능력만 있는 존재다. 하층 계급의 남성들과 여성들은 개성을 갖는 것이 불가능하다. 그 결과 쉽게 통제할 수 있는 동일한 인간들이 대규모적인 기반을 형성하고 있어 이 사회는 번영을 구가한다. 사회적 안정은 장기간 지속되고 개성, 즉 남들과 구별되고자 하는 욕망과 능력은 말살되어 있다.

"개인이 감동을 느끼면 공동체가 흔들리게 됩니다." 항상 마음속에 자리 잡고 있는 불만 너머의 진실한 인간적 감정을 추구하지만 성공을 거두지 못하는 버나드에게 사회의 원칙에 충실한 레니나가 충고하는 말이다. 이런 무능은 버나드가 지닌 비극적인 결점이라고 할 수 있다. 타인의 고유한 정체성을 인정하고 감싸주는 덕목인 사랑조차도 동일성에 기초한 안정에 위협이 된다. 이 반이상향 세계에서는 그 대안으로 유희적인 성생활이라는 장치를 고안해낸다. 이는 연인들 간의 특성 혹은 감정과 충동 사이의 특징을 흐려놓기 위한 것이다.

이런 성적 충동의 집단적 발산은 개인이 다른 개인에게 느끼는 열정을 약화시키며, 개인은 자신의 성적 쾌락조차 사회적 단합이라는 가상의 기쁨에 종속시킨다. 단결예배 의식에서 버나드는 섹스에 대한 이상주의에 집착하던 인물이 반감을 느끼듯 그 의식이 혐오스럽다고 느낀다. 사랑에 대한 존의 예민한 감정도 촉감영화에서의 집단적 감각 체험 때문에 고통을 받는다. 중요한 사실은 존이 '섹스 파티'를 경험한 후 다음날 아침에 자살했다는 점이다. 그 이유는 사랑과 자아에 대한 자신만의 소중한 감정이 짓밟혔기 때문이다.

헉슬리가 창조한 반이상향 세계에서 개인은 사회가 예방해 줄 수 없는 문제, 즉 갈등으로 인한 스트레스를 겪지 않기 위해 소마라는 마약을 복용한다. '멋진 신세계'에서도 고통과 스트레스, 슬픔, 굴욕, 실망처럼 갈등에 기인한 개인적 감정들이 발생한다. 사람들은 이런 개인적인 갈등을 '해소하기 위해' 몇 알의 소마 정제를 복용하거나 장시간의 소마 휴식기를 갖는다. 소마 휴식기는 부정적인 느낌이나 감정을 창조적인 방식으로 해결하는 것이 아니라 단지 그런 감정을 없애거나 은폐시켜 사회적으로 파괴적이거나 혁명적인 결과를 초래할 가능성이 있는 행동의 싹을 아예 제거하는 방법이다.

그러므로 이 사회는 개인의 갈등을 제거해 주는 소마를 모든 사람들에게 권장하며 그것을 사회 통제의 수단으로 이용한다. 존이 델타 인간들을 향해 소마를 던져 버리라고 외쳤던 사건은 결국 아무런 소용이 없었지만 그들의 반란을 촉구하기 위한 행동이었다. 소마에 취한 사람들은 자신을 망각하고 자신이 개인적 존재라는 사실을 충분히 인식하지 못하기 때문이다.

버나드와 존은 끊임없이 자신들의 개성을 말살시키려고 하는 이 사회의 조치에 반발한다. 하지만 두 사람 중 한 인물은 다른 인물보다 그 문제를 더 깊이 이해하고 있음을 보여 준다. 버나드는 그 체제의 비인간성에 목소리를 높여 비난한다. 그의 분노는 자신이 개인적으로 겪고 있는 부당함에 기인한 것이다. 하지만 그는 그런 병폐에 대해 깊이 있는 토론을 전개하거나 행동을 취하려는 의지가 없을 뿐더러 그런 능력도 없다. 그는 그런 문제를 부분적으로나마 극복할 수 있는 알파 플러스에 속해 있기 때문이다. 버나드가 자신이 마땅히 누려야 할 것으로 여겼던 성적·사회적 대접을 받게 되자 그의 계속된 불평은 만용이나 허세처럼 보인다. 그는 사회 체제에 의해 억압 받는 다른 사람들의 권리를 위해 투쟁해야 할 아무런 이유도 찾을 수 없고 그럴 만한 어떤 도덕적·사회적 양심도 갖고 있지 않다.

반면, 존은 반란을 촉구하는 자신의 요구를 거부한 델타 인간들을 포함해 모든 사람들을 위한 자유를 생각하면서 멋진 신세계에 과감히 도전한다. 비록 버나드처럼 존도 세계 국가의 억압으로부터 고통을 겪지만, 자신의 반대의견을 체계적으로 정립하여 세계 국가의 총재 무스타파 몬드와 얼굴을 맞대고 토론을 벌인다. 존은 유전적으로 알파 플러스이긴 하지만 사회 순응에 필요한 조건반사화 학습을 받지 않았기 때문에 그것이 가능했다. 그의 반발은 자신이 그 사회에서 편안함을 느끼지 못했다는 사실과, 그 사회가 강요하는 퇴보적인 억압 체제를 겨냥한 것이었다. 모든 위험과 고통을 수반한, 자유롭고 인간적인 삶을 받아들이겠다는 존의 결정은 버나드의 이해와 용기를 뛰어넘는 이상주의적 입장을 대변한다. 그릇된 사고방식과 결함을 가졌음에도 존은 개인적 존재에 대한 권리를 찾고자 한다.

이 소설의 결말 부분에 이르면, 세계 국가의 족쇄로부터 개인을 해방시키고자 하는 모든 노력은 수면학습과 군중심리에 의해 유도된 관습의 힘에 짓눌려 실패로 돌아가고 만다. 다만, 헬름홀츠와 버나드가 포클랜드 섬으로 추방되는 사건이 속박된 사회에서 제한적이나마 자유의 가능성을 찾을 약간의 희망을 암시해 줄 뿐이다.

〈멋진 신세계〉에서 개성과 자유를 위한 투쟁은 패배로 끝나는데, 헉슬리는 훗날 이런 결말을 후회하게 된다. 이 소설이 제시한 여러 주제들을 다시 검토해 본 그의 에세이 모음집 〈다시 찾은 멋진 신세계〉에서 헉슬리는 개인들이 활동적이고 자유로운 마음을 유지함으로써 독재의 힘에 저항할 필요가 있다고 강조했다. 헉슬리는 현대 세계에서 개인의 자유가 제한될 수 있음을 인정하면서도, 자유는 영속적으로 실행되어야 하며 그렇지 않으면 완전히 상실될 수 있다고 주장한다.

〈다시 찾은 멋진 신세계〉: 미래에 대한 고찰

1958년 올더스 헉슬리는 이미 〈멋진 신세계〉에서 탐구했던 사회적 · 정치적 · 경제적 주제들에 관한 에세이 모음집 〈다시 찾은 멋진 신세계〉를 출간했다. 이 작품은 〈멋진 신세계〉의 형식과는 달리 논픽션이지만, 소설만큼이나 헉슬리의 지적 면모와 재기가 돋보인다.

〈멋진 신세계〉는 '이념 소설'로 불린다. 왜냐하면 단순히 인물들 간의 갈등보다는 상반된 이론이나 가설의 충돌 및 대비에 초점을 맞추고 있기 때문이다. 〈다시 찾은 멋진 신세계〉에서 헉슬리는 소설의 구조를 완전히 배제한 채 여러 개념들이 자체적으로 정립되도록 함으로써 자신의 의도를 전달하고 있다. 어떤 점에서 보면 소설을 통해 미래에 관한 논쟁을 개시한 후, 확고한 철학을 가지고 그 논쟁을 계속 전개했다고 볼 수 있다.

헉슬리가 〈멋진 신세계〉의 주제들을 '재발견'하고자 했던 이유 중의 하나는 자신이 소설에서 창조한 세계가 실제로 현실이 되고 있다는 끔찍한 인식을 했기 때문이다. 냉전체제라는 뿌리 깊은 현실 속에서 전체주의적 세계국가(아마도 공산주의 체제)의 가능성이 고조되고 있는 것 같았다. 세계가 파괴와 폭정의 위험에 처한 상황에서 자신의 소설에서 빠져 있는 자유에 대한 희망을 찾아야겠다는 생각을 품지 않을 수 없었다.

헉슬리는 전후(戰後) 현대 세계를 기술하면서 조지 오웰의 〈1984년〉의 예언적인 힘을 인정하고 있다. 헉슬리의 지적에 따르면, 오웰의 소설에서 빅 브라더의 대변자들이 시민들을 위협하고 때로는 고문으로 복종을 강요하듯, 공산주의 국가의 지도자들은 처벌로써 개인들을 통제하곤 했다. 그러나 옛 소련에서 스탈린의 사망으로 '낡은 방식의' 보편적인 독재 형태는 자취를 감추었다. 1950년대 말경, 공산권 정부들은 마치 〈멋진 신세계〉에서처럼 보상을 대가로 고위층 인사들을 통제하려고 했다. 한편, 그들은 처벌에 대한 두려움을 이용해 시민들에게 순종을 강요했다. 따라서 공산국가들의 전체주의는 〈멋진 신세계〉와 〈1984년〉의 억압방식을 결합한 형태라고 볼 수 있다. 서글프게도 두 작품의 예언적 성격은 입증되었다.

하지만 헉슬리는 미래가 〈1984년〉보다는 〈멋진 신세계〉와 더 닮아 있을 것이라고 주장한다. 서구 세계의 권력자들은 쾌락과 오락을 이용해 사람들의 소비, 정치적 충성심, 사고방식을 통제한다. 보상에 의한 통제는 인간의 자유에 커다란 위협이 된다. 왜냐하면 그것은 무의식적으로 통제받는 사람들의 승인과 지지를 받으며 무한정 계속될 수 있기 때문이다.

멋진 신세계를 탄생시킨 9년 전쟁에 비길 만한 것으로, 헉슬리는 현실 세계에서 독재를 유발시키는 요인으로 인구과잉의 위험을 지적한다. 소설 속의 전쟁이 전체주의적 세계 국가의 필요성을 야기했듯이, 인구과잉으로 인한 혼란은 조직과잉을 통한 통제를 필요로 할지도 모른다. 많은 중소기업들이 필수품을 생산하는 대신, 조직과잉의 사회는 대기업으로 하여금 팔릴 만한 것은 무엇이든 대량생산케 하여 광고와 사회적 압력수단을 이용해 소비자의 소비를 통제할 것이다. "폐기가 수리보다 낫다"는 '멋진 신세계'의 믿음처럼 미리 짜여진 각

본에 따른 소비는 적어도 전후 서구 사회에서 만연하기 시작했다.

　소마 같은 마약의 소비 또한 헉슬리의 관심을 끌었다. 1950년대에는 쉽게 얻을 수 있는 안정제 덕분에 사람들은 도저히 적응할 수 없는 사회에 적응했고, 거추장스러운 저항본능을 진정시켰다. 이는 마치 소설에서 소마의 휴식이 불행에 대한 인식을 퇴치하는 것과 유사하다.

　헉슬리는 미래에 관한 자신의 시각이 내포한 예언자적 특징에 당혹감을 느끼면서도 큰 자부심을 가졌다. 헉슬리가 '노래하는 광고'라고 칭한 1950년대의 음악광고들은, 마치 '멋진 신세계'가 수면학습의 슬로건에 따라 원활하게 움직이는 것과 같은 방식으로 사람들의 의식과 문화에 침투해 그것들을 지배하는 것처럼 보였다. 수면학습 자체는 〈다시 찾은 멋진 신세계〉가 나온 시대에도 현실적으로 상당히 인정을 받고 있었다. 그리고 잠재의식에 암시를 불어넣는 잠재의식적 설득기법은 이미 미국 영화계에서도 구설수에 오른 적이 있다. 잠재의식적 설득기법은 〈멋진 신세계〉에는 나오지 않지만, 헉슬리는 그것을 포함시키지 않은 사실을 유감스럽게 생각했다. 왜냐하면 암시를 통한 잠재의식의 힘은 반이상향의 생동감 있는 권위주의 체제에 들어맞는 완벽한 수단처럼 보이기 때문이다.

　헉슬리는 그 실체를 충분히 깨닫는다면 수용할 수 없는 세계를 독자들 스스로가 맹목적으로 받아들이고 있다고 경고

한다. '멋진 신세계'의 시민들이 사회가 자신들을 구속하고 있다는 사실을 깨닫지 못하듯, 사람들은 소비주의와 쾌락에 정신이 팔려 진정한 현실을 도외시하고 있다는 것이다. 언어나 선전을 통해 무의식을 이용하면 개인의 마음은 어떤 암시도, 심지어 가장 비인간적인 암시도 쉽게 받아들인다.

헉슬리는 최근 역사에서 히틀러가 언어를 이용해 강력한 힘을 발휘했던 것을 놀랄 만한 사례로 언급한다. 그는 히틀러의 자서전을 인용하면서, 그가 시민들에게 자신의 리더십을 지지하도록 유도하는 데 선전기법을 능수능란하게 이용했음을 강조한다. 히틀러는 대중연설 시간대를 일부러 밤으로 잡아 놓곤 했다. 그 이유는 밤 시간에는 사람들이 피로감으로 암시에 취약하고 흥분하기 쉬워 집회 때 자신이 창조해낸 대중적 광기에 이내 휩쓸릴 수 있기 때문이었다. '멋진 신세계'의 총재도 충성심을 불러일으키기 위한 단결예배 의식이 유사한 형태를 따르도록 하고 있다. 소설에서는 얕은 잠이 든 상태를 이용하는 약간 다른 형태의 암시법도 등장한다. 수면학습의 목소리가 사회생활에 필요한 지혜를 아이들과 젊은이들의 귀에 계속 속삭여주는 것이다. 두 경우 모두, 이성적 자아가 경계심을 풀기 때문에 아무리 비이성적인 메시지라도 마음을 꿰뚫고 들어가 행동에 영향을 미치게 된다.

헉슬리는 1950년대의 현실에서도, 멋진 신세계의 총재처럼 행동을 통제하려는 이들이 선전을 이용하고 있다고 밝힌다. 히틀러 같은 독재자들은 선풍적인 대중의 지지를 끌어내고 적으로 간주된 대상을 공격할 목적으로 선전을 이용했다. 1950년대에는 선전이 소위 '파워 엘리트'의 주요 도구가 되었다고 헉슬리는 말한다. '파워 엘리트'는 라이트 밀스*가 언론과 경제를 통제하려는 정부와 경제계 지도자들을 일컬어 쓴 용어다. 선전은 상업광고와 잠재의식적 메시지, 그리고 도전적 진실의 교묘한 억압을 통해 사회 언어에 침투하고 있는데, 그것이 의사표현의 유일한 방법이 되고 있는 것 같다고 헉슬리는 밝힌다. 이런 추세가 계속된다면 서구인들은 멋진 신세계의 시민들만큼이나 무의식적으로 이용당하고 속박당할 위험에 처할지도 모른다.

헉슬리는 선전을 자유의 적이라고 하면서 〈멋진 신세계〉에서 간과했던 해결책을 제시한다. 선전에 대한 인식과 저항에 관한 교육은 모든 개인이 책임져야 하는 일이다. 유일한 희망은 판단의지를 지닌 활동적인 마음에 있다. 개인의 자유, 열정, 그리고 지성은 충분히 이성적이고 인간적인 마음을 이끌어 진정 자유롭고 인간적인 미래로 우리를 인도할 것이다.

---

*   **라이트 밀스**(C. Wright Mills, 1916-62): 마르크스와 베버의 영향을 받은 미국의 진보적 사회학자. 〈파워엘리트〉, 〈들어라, 양키들아〉 등.

이 부분은 원작에 대한 이해력을 테스트하는 난입니다. 다음의 세 가지 코너를 차례로 끝내면, 〈멋진 신세계〉에 대한 포괄적이고 의미 있는 파악이 가능해질 것입니다.

A 다음 질문에 알맞은 답을 고르시오.

1. 이 소설 초반부에서 패니 크라운은 사회적으로 용인될 수 없는 레니나의 행동에 대해 충고를 한다. 패니는 어떤 점이 레니나의 결점이라고 생각하는가?

   a. '너무 육감적'이다.
   b. 자유분방한 성생활을 하지 않는다.
   c. 소마를 너무 많이 복용한다.

2. 사람들은 버나드가 이상한 성격을 갖게 된 원인이 무엇이라고 보는가?

   a. 유아기에 겪은 심각한 추락사고
   b. 순탄치 않은 청소년기
   c. 혈액 대용제에 섞여 들어간 알코올

3. 무스타파 몬드는 10명의 세계 총재들 중 한 명이다. 그는 금서에 대해 어떤 입장을 취하고 있는가?

   a. 자신도 금서를 많이 소장하고 있다.
   b. 비밀리에 금서를 읽는다.
   c. 사회적으로 금지되어야 한다.

4. 존은 맬파이스 마을에서 태어나고 성장했다. 하지만 진정한 남성이 되는 성인식에 참가할 수 없었다. 왜 그곳 사람들은 그를 거부하는가?

   a. 존은 중요한 시험에 통과하지 못했다.

   b. 존의 어머니가 여러 남자와 성관계를 가졌다.

   c. 존은 아버지가 없다.

5. 무스타파 몬드가 '눈물을 흘리지 않는 기독교 정신'이라고 지칭한 약은?

   a. 섹스 호르몬 껌

   b. 소마

   c. 격렬한 열정대치 처리제

정답: 1. a   2. c   3. c   4. b   5. b

B 원작에서 다음 인용문을 찾아, 그 장면에 대해 설명하시오.

1. 공동사회. 신분. 안정.

2. 난 가끔씩 이상한 느낌을 가질 때가 있어. 뭘 말하지 않고는 못 견디는 중요한 것이 존재하고 있다는 것 같은 느낌과, 그것을 말하기 위한 힘을 느낄 때가 있어. 다만 그 말하고 싶은 것이 무엇인지도, 그리고 그 힘의 사용방법이 어떤 것인지도 모르긴 하지만 말야.

3. 여러분은 자유롭게 어른이 되고 싶지 않소? 인간성이란 어떤 것이며, 자유란 어떤 것인가를 이해하고 싶지 않습니까?

4. 눈물을 흘리지 않는 기독교 정신, 즉 소마가 그것이지.

5. 지금 자유를 위협하는 세력은 너무도 강해서 아주 오랫동안 저항을 받지 않았다. 이제 그런 세력에 저항하기 위해 무엇이든 해야 하는 것이 우리의 의무다.

모범답안: 1. '중앙 런던 인공부화 및 조건반사 연구소' 입구에 걸린 세계국가의 슬로건이자, 소장이 학생들에게 일장 훈시를 하면서 되풀이하는 말.
2. 헬름홀츠 왓슨이 버나드 막스에게 반이상향에서 의미 있는 글을 쓰지 못하는 좌절감을 토로하는 말.
3. 존이 소마를 내던지며 델타 계급 인간들에게 외치는 말.
4. 세계 총재 무스타파 몬드가 존에게 소마의 유익함을 설명하는 말.
5. 〈멋진 신세계〉에서 미래의 도전에 관한 헉슬리의 주장.

C 다음 주제에 대해 논술하시오.

1. 버나드 막스와 존은 성장배경이 전혀 다르지만, 두 인물 모두 멋진 신세계에 대해 불만을 품고 있다. 두 인물의 공통된 특징은 무엇인가? 그리고 그런 특징들은 어떤 점에서 다른가? 그들의 장점과 단점을 비교해 보라.

2. 어떤 면에서 린다와 레니나는 멋진 신세계에서 가장 심각한 반항아들이다. 각 인물은 어떤 경험을 통해 반이상향의 기본 원칙에 도전하는가? 여러분은 헉슬리가 이 여성 인물들을 남성들만큼 중요시하고 있다고 생각하는가? 왜 그렇다고 생각하는가? 혹은 왜 그렇지 않다고 생각하는가?

一以貫之
논술노트

새로운 것이 시작되는 끝 ●

실전 연습문제 ●

一以貫之는 '논어'에 나오는 말로 '모든 것을 하나의 이치로 꿴다'는 뜻입니다.

논술의 주제와 문제 유형, 제시문들은 참으로 다양하고 가지각색입니다. 그러나 그 모든 것을 하나로 꿸 수 있습니다. '인간사회의 보편적 문제들에 대한 근원적인 물음에 답하는 자기 나름의 견해'라는 것이지요. 논술은 인간이면 누구나 부닥치는 개인적 또는 사회적 문제들에 대한 자기 나름의 고민이자 성찰입니다. 논술은 자기견해, 자기 가치관, 자기 삶에 대한 솔직한 고백입니다.

一以貫之 논술연구모임은 '자신의 물음'과 '자신의 생각'을 갖고 '자신의 글'을 쓸 수 있도록 도와줍니다.

〈집필진〉
김법성, 우한기, 이호곤, 박규현, 김재년, 김병학, 도승활, 백일, 우효기, 조형진

새로운 것이 시작되는 끝

1. 유토피아

과학은 우리를 편하게 해 준다. 지금 우리 주변을 둘러싸고 있는 환경을 한 번 생각해 보라. 온갖 정보를 집안에서 편안하게 찾을 수 있는 컴퓨터, 언제 어디서라도 통화가 가능한 휴대전화, 돈을 들고 다니지 않아도 편하게 이용할 수 있는 지하철-버스 카드, 언제 어디서나 이미지로 기록을 남길 수 있는 디지털 카메라, 텔레비전, 영화, 인터넷 강의 등을 볼 수 있는 휴대용 미디어 제품들을 손쉽게 접할 수 있다.

우리는 이러한 성취를 진보라고 믿는다. 나에게 필요한 정보를 얻기 위해 굳이 도서관에 갈 필요도 없으며, 직접 찾아다닐 필요도 없다. 전화하기 위해 공중전화 부스 앞에 줄을 설 필요도 없으며, 일일이 잔돈을 챙겨서 버스를 탈 필요도 없다. 필요한 것은 메모하는 것이 아니라 디카로 찍어서 보관하면 된다. 정말 세상은 편리해졌다. 그리고 이전과는 다르게 확실히 효율적으로 바뀌었다.

그러나 이상하게도 아버지, 어머니, 할아버지, 할머니께 "옛날이 좋아요, 지금이 좋아요?" 하고 물어보면 생각보다 많은 분들이 과거가 좋다고 하신다. 이것은 학생들도 마찬가지다. 중학생들에게 중학교 시절이 좋니, 초등학교 시절이 좋니 물어보면 많은 학생들이 초등학교가 좋다고 한다. 고등학생에게 물어보면 빨리 대학생이 되고 싶다고 말한다. 너무나 빠르게 세상이 변해서 제대로 적응하지 못하는 어른들은 과거가 좋을 것이고, 공부의 압박이 시작되는 중학생은 초등시절이, 수능이 끝나면 좋건 싫건 대학에 진학할 수 있는 고등학생은 빨리 대학생이 되길 바란다.

인간이라면 누구나 불만을 가지고 있다. 그리고 언젠가는 불만이 해결될 것이라 믿는다. 그것이 유토피아다. 삶의 불만족이 해결된 세상, 불안과 공포가 사라진 세상이 유토피아다. 그러나 아쉽게도 유토피아는 '지금-여기'에 없다. 공간적으로 유토피아는 지금 이 공간에 있는 것이 아니라 다른 공간에 있고, 시간적으로 유토피아는 아직 오지 않았거나 이미 지나가 버렸다. 인간이 유토피아를 꿈꾸는 것은 바로 '지금-여기'에서 해소되지 못한 갈등과 욕망, 불만과 불안, 고통이 있기 때문이다. 그래서 어떻게든지 불안과 고통이 해소되기를 바란다. 예술가들은 종종 이러한 불안을 예술이라는 형식을 빌려서 표현한다. 따라서 유토피아나 디스토피아를 다루는 문학이나 영화는 작가가 바라보는 세상에 대한 불안을 잘 반영하고 있다. 그러므로 우리는 〈멋진 신세계〉를 읽으면서 헉슬리가 바라보는 세상에 대한 불안을 읽어낼 수 있어야 한다. 그러면 헉슬리가 느끼는 불안이 오늘날에도 여전히 유효하다는 사실을 알게 될 것이다.

2. 불안과 진보

자, 바로 이런 것을 두고 '진보'라고 하는 거야. 아무런 부족 없이 노인도 일을 하고 성행위를 한단 말이야. 노인이라고 해서 쓸데없이 죽치고 앉아 시간을 허비할 필요가 없게 된 거라고. 게다가 불행하게 있을지라도 항상 소마가 대기하고 있지. 맛있는 소마 말이야. 휴일에는 반 그램, 주말에는 1그램, 화려한 동방을 여행할 때는 2그램, 달나라의 영원한 암흑을 여행할 때는 3그램, 그곳에서 돌아오면 시간이라는 것의 다른 쪽에 와 있게 되는 거지. 매일매일의 노동과 기분전환이라는 견고한 대지 위에 안전하게 서 있게 되는 거라, 이 말씀이야. 기분은 황홀해지고, 여러 풍만한 여자들과 즐기게 되고, 여러 곳의 전자기 골프 코스를 돌게 되며….

우리는 고통과 불안을 없애기 위해 엄청나게 노력한다. 조금 더 편리하게 조금 더 안락하게 살기 위해서 우리는 현실의 행복을 뒤로 미룬다. 그리고 장밋빛 미래를 위해 현실을 희생시킨다. 그러나 헉슬리가 그리는 '멋진 신세계'에서 모든 불안과 고통은 사라졌다. 헉슬리의 문제의식은 여기서 시작된다. 고통과 불안이 사라진 시대가 과연 행복한 시대인가? 그래서 〈멋진 신세계〉에서는 진보와 인간성 상실에 대한 헉슬리의 불안을 읽어낼 수 있다.

1930년대 과학과 산업의 발달로 인간은 엄청난 진보를 이룩한다. 그러나 헉슬리는 이러한 진보가 오히려 인간성 말살로 이어질 가능성을 이야기한다.

〈멋진 신세계〉에서 과학의 발달 덕분에 인간의 육체적 고통은 물론이고 정신적 고통 또한 사라졌다. 모든 인간은 알파, 베타, 감마, 델타, 엡실론이라는 다섯 개의 계급으로 나뉘고 태어나는 순간부터 조건반사화교육을 통해서 불만을 갖지 않는다. 모든 사람은 자신의 쾌락을 위해서 자신의 감정을 억제할 필요가 없다. 쾌락이 요구하는 본능에 따르는 것이 '멋진 신세계'에서는 무한히 허용된다.

수면학습 전문가인 버나드는 '만인은 만인을 위한 공유물'이라는 말을 매주 사흘 밤씩, 그것도 3년 동안에 걸쳐 총 1백 번씩이나 반복했다. '6만 2천 4백 회의 반복이 하나의 진리를 만드는 것이다.

'멋진 신세계'에서 만인은 만인의 공유물이다. 어려서부터 이 말을 듣고 자란 사람들은 이 말을 당연한 진리로 여긴다. 이것은 개미사회와 같은 모양이다. 개미사회에서 개체는 전체를 위해서만 존재한다. '멋진 신세계'도 마찬가지다. 계급에 따라서 자신에게 할당된 역할만 충실히 이행하면 아무런 문제가 생기지 않는다. 안정된 사회가 곧 행복한 사회가 되는 것이다.

"아무튼, 확실한 것이 하나 있어. 그건 바로 그가 누구였든 간에 그가 (멋진 신세계에서) 살아 있는 동안에는 행복했음에 틀림없다는 거야. 지금은 모든 인간이 행복하게 살고 있으니까 말이야." "맞는 말이에요. 지금은 모든 인간이 행복하게 살고 있어요." 레니나가 맞장구쳤다. 그들은 그 말을 12년 동안 매일 밤 150회씩 반복해서 들어온 터였기 때문에 습관처럼 나온 말에 불과했다.

'멋진 신세계'에서는 모두가 행복하다. 사회, 동일화, 안정이라는 멋진 신세계의 모토는 현실에서 실현되었다. 이러한 '멋진 신세계'는 두 가지 결정론에 근거를 두고 있다. 하나는 유전자결정론이고 다른 하나는 환경결정론이다. 유전자의 좋고 나쁨이 개인의 인생을 결정한다는 것이다. 또한 환경을 적절히 통제하면 인간을 통제할 수 있다는 믿음이 반영되어 있다. 근대 과학은 초기조건이 주어지면 결과를 정확히 예측할 수 있다고 생각한다. '멋진 신세계'에서도 인간의 초기조건인 유전자와 인간이 살아갈 환경을 적절히 통제하면 인간을 통제할 수 있고, 나아가 사회의 안정 또한 유지될 것이라고 확신한다.
　　그래서 '멋진 신세계'에서는 고통과 불안을 없애기 위해서 태어나기 전부터 인간의 유전자를 검사하고 그것을 바탕으로 계급을 나누고, 태어나서는 조건반사화교육과 수면학습법을 통해 고통과 불만을 갖지 못하도록 한다. 그럼에도 불구하고 발생하는 고통과 불만은 적절한 방법을 통해서 관리하고

통제한다. 그런 까닭에 '멋진 신세계'의 사람들은 고통과 직접 대면하지 않는다. 그들은 고통을 회피 또는 은폐하거나 원천적으로 제거해 버린다.

이들이 고통을 대면하는 첫 번째 방법은 고통의 회피다. 그들은 불쾌한 감정이 들 때마다 마약과 같은 소마를 복용해서 환각 상태에 빠진다. 또한 끊임없이 암시를 받는다. 자신이 속한 사회가 완벽한 사회이고 행복한 사회임을 끊임없이 교육받고 훈련받는다. 그러한 과정에서 자신도 모르게 정말 완벽한 사회라고 생각하게 된다.

오늘날 우리 사회도 비슷하다. 우리는 고통스러운 순간을 가급적 회피하려고 한다. 시간을 늦춰 가급적이면 문제가 발생하지 않기를 바란다. 또한 고통을 회피하기 위해 술, 담배 등의 기호식품에 빠지고 게임이나 인터넷, TV에 중독되어 복잡한 일은 잊어 버리려고 한다.

'멋진 신세계'에서 고통을 대면하는 두 번째 방법은 고통의 은폐다. '멋진 신세계'에는 야만인 보호구역이 있다. '멋진 신세계'에서는 문명과 야만을 이분법적으로 나눠 야만을 배제해버린다. 야만을 깎아내림으로써 자신들이 살고 있는 공간이 문명의 공간임을 보여주려는 것이다. 상대적으로 자신의 문명을 우월하게 설정해 놓음으로써 지금의 불안은 일시적이고 언젠가는 해소될 수 있다고 생각한다. 우리보다 못사는 사람들이 이렇게나 많은데, 도대체 우리가 왜 불안에 떨어야 하는가?

불안을 해소하는 전형적 방식은 우리가 속한 사회의 불안의 크기를 상대적으로 작게 만들고 다른 사회의 불안을 크게 만들면 된다. 불안은 큰 것이 아닐 뿐더러, 금방 해소될 수 있을 것처럼 은폐된다.

우리 주변에도 이러한 일은 많이 발생한다. 학교에서 왕따문제도 이러한 논리가 반영되어 있다. 또한, 사회에서 발생하는 각종 소수자들에 대한 차별은 기본적으로 그들이 우리보다 못하다는 것에 전제를 두고 있다. 외국인 노동자, 여성 문제, 동성애, 장애인, 농민, 비정규직 노동자 문제 등은 기본적으로 정상과 비정상의 이분법에 근거한 논리일 가능성이 아주 높다. 마찬가지로 서양이 동양을 바라볼 때 가지는 편견인 오리엔탈리즘 역시 자신들의 위대함을 드러내고 동양을 깎아내림으로써 자신들이 우위에 설수 있다는 생각이 밑바탕에 깔려 있는 것이다.

마지막으로 '멋진 신세계'에서는 고통의 근원을 제거하려고 한다. 그래서 과거의 생물학적 출산 대신에 시험관에서 컨베이어벨트를 돌며 생산하는 것이 고통도 없고 도덕적이며 진보된 것이라 여긴다. 더욱이 문제가 있는 유전자는 아예 태어나지도 못하고 태어나더라도 열등한 계급을 부여받는다. 게다가 자신의 계급에 대해 고통이나 불안을 원천적으로 느끼지 못하도록 조건반사화교육을 통해서 끊임없이 훈육된다.

'멋진 신세계'가 고통을 대하는 방법은 현대 문명이 고통과 불안을 대하는 방법과 큰 차이가 없다. 우리는 고통을 악으로 간주하고 제거되어야 할 것으로 여긴다. 나를 힘들게 하는 것은 나를 괴롭히는 것이고 그것은 곧 악이다. 그래서 고통을 없애기 위해서 다양한 약을 먹고, 불안을 떨쳐내려고 타인 속에 자신을 밀어 넣는다. 소마와 같은 담배와 술은 기호식품이라는 이름으로 버젓이 팔리고 우리의 발전상을 강조하기 위해 못사는 다른 나라를 다른 민족을 상대화시킨다.

3. 나약함의 세계화

그렇소. 문명이란 '살균'이기 때문이지. 하지만 이 사람들은 우리 포드님에 대해서 들어본 적이 없소. 게다가 문명화되지도 못했고 말이오.

문명이란 살균이다. 내 몸에 붙은 무수히 많은 균들을 죽이는 것, 내가 아닌 모든 것을 몰아내는 살균은 문명이 이룩한 진보다. 균은 악이다. 인간은 온실 속에서 편안하게 살기 위해서 균을 제거하고, 내가 아닌 것을 제거한다. 그래서 '멋진 신세계'는 온실과 같은 사회다. 또한 '멋진 신세계'는 인간의 게으름과 나약함이 문명의 이름으로 달성된 세계다. 헉슬리의 불안은 바로 여기에 있다.

1930년대 급격한 산업화로 인한 진보의 모습이 그의 눈에는 인간을 나약하게 만들고 인간성을 상실하게 만드는 것으로 보였던 것이다. 이러한 예견은 오늘날 이른바 산업화, 문명화되었다고 하는 나라들에서 일반적으로 나타나는 현상들이다. 먼 나라 이야기처럼 들리는 '멋진 신세계'의 모습은 바로 우리의 모습과 너무나도 비슷하다는 것, 그리고 헉슬리는 70-80년 전에 예측했던 미래의 모습을 우리가 그대로 따라가고 있다는 것, 이것이 소설 〈멋진 신세계〉가 우리에게 주는 경고다.

각각의 병은 15개의 선반 가운데 하나 위에 놓여질 수 있었다. 그런데 각 선반은 눈에는 보이지 않지만 한 시간에 33.1분의 1센티미터의 속도로 움직이는 운반대였다. 하루 8미터의 속도로 267일 동안, 그러니까 이것들을 모두 합하면 2,136미터가 된다. 1층 저장소를 한 바퀴 돌고 2층 역시 한 바퀴 돌고, 그리고 나머지 3층은 반 바퀴만 돌아서 267일째 되는 날 아침 출산실에서 햇빛을 본다. 비로소 그들은 독립적인 존재가 되는 것이다.

표준형 감마 계급, 불변의 델타 계급, 획일화된 엡실론 계급, 그리고 수백만 명의 일란성 쌍둥이들에 의해 모든 문제가 해결되는 것이다. 대량 생산의 원칙이 마침내 생물학에도 응용된 것이다.

소장은 여기서 잠시 말을 멈추고는 자신만만한 표정으로 현미경 실험관 부화기의 대열을 가리켰다. "우린 새로운 개인을 아주 간단하게 만들어낼 수 있소. 원하는 대로 얼마든지 말이오."

현대 문명은 모든 사람을 비슷비슷하게 만든다. 대량생산이 있기 위해서는 대량 소비가 있어야 한다. 따라서 대량생산은 반드시 대량소비를 하는 대중을 전제로 할 때에야만 가능한 것이다. 사람들의 취향이 각양각색이라면 대량소비는 일어나려야 일어날 수 없다. 현대 사회에서 개인의 취향은 서로 비슷해지려는 경향이 있다. 이러한 경향은 효율성이라는 이름하에 착착 진행된다. 예를 들어 서울 같은 큰 도시에서는 단독주택보다 아파트가 더 편리하다. 그런데 아파트에 사는 사람들은 자신의 의지와 상관없이 아파트가 요구하는 대로 살 수밖에 없다. 거실, 식당, 방으로 나누어진 공간에서 아파트 입주자들은 자신의 의지와는 상관없이 아파트가 요구하는 대로 살아간다. 그래서 아파트에 사는 사람들은 서로 비슷비슷한 생활을 한다. 다른 아파트들도 모두 엇비슷한 구조를 가지고 있기 때문이다. 따라서 냉장고, TV, 식기세척기, 식탁 등 필요한 물건들 또한 비슷하다. 대량으로 공급되는 아파트는 편리하긴 해도 그 속에 들어가서 사는 순간 사람들은 자신의 의지와는 상관없이 비슷비슷해진다.

이러한 경향은 다른 곳에서도 나타난다. 교육도 서로 다른 학생들에게 모두 비슷비슷한 교육을 시킴으로써 비슷비슷한 평균적인 인간을 만든다. 개성이 강조되는 것이 아니라 적당히 공부 잘하고, 적당히 말 잘 들으면서 문제를 일으키지 않는 학생으로 만드는 것이 학교 교육의 특징이다. 학교는 개성이나 창의력보다는 문제를 일으키지 않는 평균적인 사람을 요구한다.

마치 '멋진 신세계'에서 모든 인간이 알파, 베타, 감마, 델타, 엡실론의 등급에 따라 살아가듯이 우리 또한 자신이 속한 지위나 신분에 맞춰 살아간다. 우리는 가정에서, 학교에서, 사회에서 길들여진다. 그런 점에서 현대인에게 주어진 자유는 '멋진 신세계'에서 누리는 자유와 크게 다르지 않다. '멋진 신세계'에서 불안이나 고통을 느끼면 소마를 먹듯이 현대인도 국가에서 허가한 커피와 술을 마시고 담배를 피운다. 성호르몬 껌과 촉감영화를 보듯이 텔레비전과 게임에 빠져든다. '멋진 신세계'에서 자신의 성적 쾌락을 아무 거리낌 없이 요구하고 해소하는 것처럼 현대인도 묵시적으로 허용된 성매매를 통해 자신의 욕구를 해소한다. '멋진 신세계'에서 야만인 보호구역이라는 이름으로 자신과 다른 열등한 민족이나 인간을 만들어내는 것처럼, 현대를 사는 우리 또한 우리보다 열등한 타자들을 끊임없이 만들어낸다.

4. 동일성과 차이

현대인에게 주어진 자유는 '멋진 신세계'에서처럼 소비의 자유 외에는 없는 것처럼 보인다. 오늘날 인간에게 자유는 무한한 가능성을 의미하는 것이 아니라 내가 무엇을 소비할 수 있는가에 대한 자유다. 현대인은 그러한 한정된 자유를 얻기 위해서, 편안함을 추구하기 위해서, 다른 사람과 달라지기 위해서 미친듯이 노력해서 새로운 신상품을 소비한다. 현대인의 이러한 존재론적 특징을 바브라 크루거*는 데카르트의 '나는 생각한다, 고로 존재한다'를 차용하여 '나는 쇼핑한다, 고로 존재한다'라고 비틀어 놓았다. 현대인은 생각하는 존재가 아니라 쇼핑하는 존재다. 현대인은 소비를 통해서 자신의 정체성을 드러낸다. 따라서 소비에서 소외되는 것은 불안이며 악이다. 그런 까닭에 소비하지 않는 존재는 존재하지 않는 것과도 같다.

현대인에게 자신을 타인과 구별해 주는 차이는 소비능력의 차이 외에 다른 특이한 것은 없어 보인다. 그리고 그 차이가 무엇보다 중요하게 여겨지는 것이 사실이다. 그래서 현대인은 모두 자유를 얻기 위해서, 돈을 얻으려고 한다는 점에서 모두 비슷비슷한 존재들이다. 돈을 추구한다는 점에서 획일화되어 있고, 돈이 능력을 의미하고 그것이 자유를 의미한다는 점에서 동일화되어 있다.

이러한 동일화의 욕망은 철저하게 돈의 노예가 되겠다는 욕망이다. 소비의 자유 아래 나의 모든 자유를 굴복시킬 때 그 말은 돈의 노예로서 인생을 살겠다는 다짐인 것이다. 자유를

---

* **바브라 크루거**(Barbara Kruger, 1945-): 미국의 페미니스트 아티스트.

위해 노예가 되는 이러한 기이한 현상은 단순히 '멋진 신세계'에서만 일어나는 것이 아니다. 그것은 오늘날 우리의 삶에서 우리가 모르는 사이에 자유의 이름으로, 행복의 이름으로 진행되고 있다.

그렇다면 본질적으로 물어야 한다. '멋진 신세계'처럼 과학이 발달하고 인간이 태어나면서부터 고통이 제거된 상태에서 살아가는 것이 진짜 행복인가? 모두가 비슷하게 살아가고 아쉬움 없이 누리면 그것이 행복인가? '멋진 신세계'에서 인간은 어머니의 몸에서 고통스러운 탄생이 아니라 컨베이어벨트를 따라 고통 없이 만들어진다. 그들은 태어나기 전부터 유전자 검사를 통해 등급이 나누어지고 자라면서 조건화 교육, 수면학습을 통해서 사회에 불만을 갖지 않게 된다. 아픔과 불안, 고통은 소마로 제거될 수 있으며, 나의 쾌락을 위해 타인에게 언제든지 성을 요구할 수 있다. 자유로운 성생활이 무한히 허용되고, 오히려 이 요구에 응하지 않는 경우 부도덕한 것으로 몰리게 된다. 이러한 '멋진 신세계'의 사람들은 모두 행복할까? 아쉽지만 그렇지 않다. 소설에 나오는 인물들은 '멋진 신세계'가 만들어 놓은 획일성과 표준화 전략에도 불구하고 일탈을 꿈꾼다.

헬름홀츠의 상사들은 고개를 가로저으며 이렇게 말하곤 했다. 그렇다. 그가 지나치게 유능하다는 판단은 맞는지도 모른다. 헬름홀츠 왓슨의 지적인 과도함은 버나드 막스의 신체적 결함과 유사한 결과를 가져다주었다. 버나드의 빈약한 골격과 근육이 그를 동료들로부터 고립시키는 것과 마찬가지로 헬름홀츠의 지나친 능력과 지적인 과도함이 그를 항상 혼자 남게 만들어 이방인이라는 느낌을 주었다. 이 두 사람의 공통점은 자신들이 집단에서 철저하게 고립되었다는 의식이었다.

"난 어쩐지 요즘 들어서 바람기 있는 행동을 하는 것이 싫어졌어, 누구나 한 번쯤은 그런 느낌이 들 때가 있겠지. 패니, 너는 이런 기분 느껴 본 적 없니?" 레니나는 고개를 흔들며 가느다란 목소리로 물었다. 패니는 레니나의 말에 동감하며 충분히 이해한다는 뜻으로 고개를 끄덕여 보였다. 둘 사이에 뭔가가 통하는 것 같았다. "하지만 우린 노력해야 해. 우린 모두 유희의 규칙을 지켜야 한다구. 결국 만인은 만인의 공유물이니까 말이야."

헬름홀츠는 지나치게 유능하기 때문에 버나드는 너무나 왜소하기 때문에 레니나는 한 남자와 교제하고 싶다는 점에서 다른 알파계급의 사람들과 다르다. 그러한 차이 때문에 그들은 갈등한다. 심지어 멋진 신세계의 총재인 무스타파 몬드 또한 젊은 시절 학문적 열정에 빠져 반사회적인 행동을 했음을 고백한다. 조건반사연구소 소장 또한 마찬가지다. 직원들에게 엄격하고 냉정하며 멋진 신세계의 가치를 적극적으로 옹호하는 그 조차도 과거에 린다와 열정적인 사랑에 빠진 경험을 가지고 있다. 지배적 위치에 있는 이들조차도 스스로 균열이 있었음을 시인한다.

그러나 이들의 균열은 멋진 신세계를 변화시키지 못한다. 버나드는 멋진 신세계를 벗어나기를 바라지만, 존을 통해서 권력을 가지게 되자 언제 그랬냐는 듯이 알파계급의 모든 자유를 행복하게 받아들인다. 그런 점에서 버나드의 탈주와 변혁에 대한 욕망은 자신의 계급에 완벽히 동화되고자 하는 욕망으로 급속히 바뀐다. 또한 그는 소마를 먹지 않고 불안과 고통에 정면으로 대응하려 한다. 그러나 야만인 보호구역에서 문제가 생기자 소마를 먹고 현실을 피해 버린다.

헬름홀츠는 시를 읽고 자유연애에 반대함으로써 체제에 저항한다. 그는 고통을 받아들이고 그것을 시로 해소하려고 한다. 소마를 먹지 않음으로써 자신의 의지를 확실히 다진다. 그는 안락함과 행복을 받아들이는 것이 아니라 고통과 불안을 받아들인다. 그럼에도 불구하고 그는 셰익스피어의 시에 등장하는 어머니, 아버지에 대해서는 완벽하게 이해하지 못한다. '멋진 신세계'에서 가족과 관련된 단어는 욕뿐이기 때문이다. 그런 점에서 헬름홀츠도 '멋진 신세계'에서 받은 조건반사화 교육으로부터 완전히 벗어나지 못다.

레니나 또한 마찬가지다. 헨리 포스터하고만 4개월 동안 만나고 있고 계속 그와 지내고 싶다. 하지만 만인은 만인의 공유물이기 때문에, 한 사람과 지속적인 연애를 하는 것은 부도덕한 일이기에 레니나는 '멋진 신세계'의 도덕을 벗어나지 못하고 버나드와 연애를 시작한다.

소설에 등장하는 대부분의 사람들은 '멋진 신세계'를 완벽한 세상이라고 생각함에도 불구하고 뭔가 불만을 가지고 있다. 그것은 '멋진 신세계'가 가질 수밖에 없는 태생적 균열이다. 그들은 '멋진 신세계'를 받아들이는 듯하지만 끊임없는 갈등과 불안에 놓여 있다. 단순히 소마로 해결될 것 같은 불안이면 큰 문제가 없으리라.

아무리 억압된 공간에서도 인간은 꿈틀거린다. 이 꿈틀거림이 인간성이 출발하는 시간이고 자유가 시작되는 공간이다. 어떠한 획일화에도 불구하고 꿈틀거리며 피어나는 내면의 균열들은 아무리 표준화하려고 해도 할 수 없는 인간 개개인의 고유성과 창조성이 피어나는 곳이다. 모든 인간이 아이에서 출발하듯이 어릴 적 자유로움에 대한 욕망을 가지고 있다. 아이들은 자신의 고유한 규칙을 자율적으로 만들어낸다. 그러나 고통과 불안이 제거된 멋진 신세계에서 자유는 타율적으로 주어진 자유 이외의 아무것도 아니다.

"레니나, 당신은 자유로워지고 싶지 않소?"

"무슨 말인지 모르겠군요. 전 자유로워요. 자유롭게 즐기고 있다구요. 오늘날의 모든 사람들이 행복한 것처럼 말이에요."

순간 버나드는 호탕하게 웃었다.

"'오늘날 모든 사람들은 행복하다.' 이 말을 우리들은 아이들에게 다섯 살 때부터 가르치기 시작하지. 하지만 레니나! 다른 방법으로 행복할 수 있는 자유를 원하지 않소? 이를테면 레니나 당신 자신의 방법으로 말입니다. 타인의 방법이 아닌 것으로 말이오."

5. 새로운 것이 시작되는 끝

헉슬리의 〈멋진 신세계〉는 그래서 문명비판서가 된다. 1930년 서양의 근대 문명이 결국에는 이러한 파국으로 치달으리라는 예고를 하고 있는 것이다. 이 책은 그래서 유토피아가 아니라 디스토피아적인 미래를 그리고 있다. 그래서 소설의 어떤 인물도 자유를 얻지도 구원받지도 못한다. 헉슬리는 천국이 아닌 지옥을 그리고 있는 것이다. 그리고 그가 그린 '멋진 신세계'를 우리는 점점 닮아가고 있는 것이다.

이보게, 젊은 친구! 문명에는 고상한 것이건 영웅적인 것이건 다 필요 없어. 이런 것들은 정치적 비효율성의 증상들이지. 우리처럼 제대로 조직된 사회에서는 그 어느 누구도 고상하거나 영웅적일 필요가 없어. 전쟁과 배신과 이겨내야만 할 유혹과 보호해야 할 사랑의 대상이 있는 곳에서나 '고상한'이라든가 '영웅적인'이라는 말이 통하는 거야. 그런데 미안한 말이지만 오늘날에는 전쟁이라는 것이 없어. 우린 누군가를 지나치게 사랑하지 못하도록 각별히 주의를 기울이고 있지. 우리에게는 배신이라는 것이 없어. 그렇게 되도록 조건반사화 교육을 받았기 때문이지. 게다가 우리가 마땅히 해야만 하는 일들이란 쾌락적이고도 즐거운 것들이지. 또한 우리에게는 이겨내야만 하는 유혹이란 것도 없어. 왜냐하면 자연스런 충동들이 자유롭게 주어지기 때문이야. 그리고 만약 불행하게도 불쾌한 어떤 것이 발생한다고 하더라도 우리에겐 항상 소마가 있지. 현실로부터 마음 편히 도피하게끔 만들어주고 적과는 화해를 하도록 해주며 참고 인내하도록 만들어주는 그런 소마가 말이야. 과거에는 힘든 도덕적 훈련을 통해서만 비로소 이런 목적들을 달성할 수 있었지. 그런데 이제는 세상이 달라졌어. 반 그램짜리 소마 정제 두세 알 정도만 먹어 보게. 그러면 모든 것이 다 해결되지. 이젠 너나 할 것 없이 누구나가 다 성인군자가 되었어. 소마 덕택에 덕망이라는 것을 반쯤 병속에 넣어 가지고 다니게 된 거지. 눈물 없는 기독교! 이것이 바로 소마의 본질이야.

현대 사회는 영웅이 없다. 모두가 다 비슷한 존재이기 때문이다. 현대 사회에 영웅이 없는 이유는 자기와 다른 존재를 인정하고 받아들이지 않기 때문이다. 현대 사회의 영웅은 그런 점에서 정신병원에 있거나 감옥에 있을 수밖에 없다. 그들은 평균을 뛰어넘거나 평균에 못 미치는 것으로 보이기 때문이다. 우리는 상처 주기도 싫어하고 상처 받기도 싫어해서 모두 적당한 간격을 유지한다. 미친 듯이 사랑하지도 않고 미친 듯이 증오하지도 않는다. 오직 서로에게 해가 되지 않는 정치나 스포츠 이야기로 하루를 때우는 것이 일상이다. 고통 없는 일상을 살아가는 것, 그것이 '눈물 없는 기독교!'이고 현대 사회의 진보인 것이다.

그렇군요. 총재님다운 말씀이십니다. 불쾌하다고 해서 이를 참는 법을 배우는 것 대신에 모두 제거해 버리다니…. '포악한 운명의 돌팔매나 화살을 참을 것인가, 아니면 고난의 바다를 향해 무기를 들고 싸워 그것을 제거할 것인가?'(햄릿 3막 1장) 하지만 총재께서는 그 어느 쪽도 하지 않고 있는 것입니다. 참지도 않고 저항도 하지 않고 다만 돌팔매와 화살을 버리고 있을 따름입니다. 이건 너무 안일한 처사군요. 당신들이 필요로 하는 것은 변화에 따른 눈물입니다.

자신의 삶을 살기 위해서는 고통이 필요하고 눈물이 필요하다. 사회가 요구하는 삶을 사는 것보다 더 큰 두려움과 공포가 삶을 짓누를지도 모른다. 자신의 삶을 산다는 것은 그래서 어렵다. 따라서 나의 몸은 항상 전쟁터다. 사회가 요구하는 삶과 내가 바라는 삶이 내 몸에서 항상 충돌하고 있다. 그들은 밖으로 드러나지도 않고 눈에도 보이지 않는 치열한 미시적 전투를 치르고 있다.

"저는 불편한 것이 더 좋아요."
"그러나 우린 그렇지 않다네. 우린 편한 것이 좋지."

"하지만 저는 편안하고 안락한 것이 싫어요. 저는 신과 시, 진정한 위험과 자유, 그리고 선과 죄를 원합니다."

"그럼 자네는 사실상 불행할 권리를 원하는 셈이군."

"그래도 좋습니다. 그래요. 전 불행할 권리를 원하는 셈이죠."

"물론 늙고 추하고 성불능의 권리를 원하는 것도 당연하고 말이야. 어디 그뿐인가? 게다가 매독과 암에 걸리는 권리도 원한단 말이지. 먹을 것은 없어지고 이가 들끓고 미래에 일어나게 될 일을 끊임없이 걱정하고 장티푸스에 걸리고 말할 수 없는 각종 고통으로 고통받게 되는 그런 권리도 원하는 셈이지"

"네, 좋습니다. 전 그런 것들을 원하고 있습니다."

지금 우리는 편안함과 안락함 그리고 고통과 불안 사이의 갈림길에 놓여 있다. 인간은 누구나 그 갈림길에서 갈등한다. 매 순간 우리가 선택하는 쪽은 조금 더 편안하고 조금 더 쉬운 길이다. 그것이 곧 올바른 길이라고 믿는다. 고등학교, 대학교에 진학할 때, 취직할 때, 매 순간 만나는 삶의 길에서 우리는 가급적 쉽고 편한 길을 택한다. 모두 마찬가지다. 일부러 어려운 길을 택하는 사람은 없다. 그러한 선택이 무조건 잘못됐다는 것도 아니다. 그러나 고통과 불안의 회피가 가장 중요한 삶의 선택기준이 되어서는 안 된다는 것을 반드시 알고 있어야 한다. 우리에게는 다양한 길이 있고 내가 선택한 길 이외에도 무수히 많은 다른 길이 있음을 분명히 자각하고 있어야 한다.

따라서 내가 선택한 길을 가지 않는다고 묵묵히 자신의 길을 가는 사람을 무시해서는 안 된다.

쉽고 편한 길은 자신을 잃어버리는 길일 가능성이 아주 높다. 그래서 현대를 살아가는 사람들은 매 순간 전투를 치러야 한다. 편안한 지옥에 살 것인지, 불안한 자유의 세계에 살 것인지, 우리 앞에는 전쟁이 놓여 있다. 우리는 수많은 게릴라전을 치러야 한다. 우리는 파르티잔이 되어야 하고, 잔 다르크가 되어야 하고, 혁명가가 되어야 한다. 내 삶에는 무수한 타자들이 개입되어 있다. 그런 까닭에 내 삶을 바꿀 수 있다면 내 삶을 물들이는 타자를 바꿀 수 있는 것이고, 그렇지 않다면 여전히 나는 타자에게 지배를 받고 있는 것이다. 그래서 새로운 것이 시작되는 끝에는 전쟁의 고통과 상처가 아물기를 기다리고 있다.

(가)

자, 바로 이런 것을 두고 '진보'라고 하는 거야. 아무런 부족 없이 노인도 일을 하고 성행위를 한단 말이야. 노인이라고 해서 쓸데없이 죽치고 앉아 시간을 허비할 필요가 없게 된 거라고. 게다가 불행하게 있을지라도 항상 소마가 대기하고 있지. 맛있는 소마 말이야. 휴일에는 반 그램, 주말에는 1그램, 화려한 동방을 여행할 때는 2그램, 달나라의 영원한 암흑을 여행할 때는 3그램, 그곳에서 돌아오게 되면 시간이라는 것의 다른 쪽에 와 있게 되는 거지. 매일매일의 노동과 기분전환이라는 견고한 대지 위에 안전하게 서 있게 되는 거라, 이 말씀이야. 기분은 황홀해지고, 여러 풍만한 여자들과 즐기게 되고, 여러 곳의 전자기 골프 코스를 돌게 되며…

― 올더스 헉슬리 〈멋진 신세계〉

(나)

　　근대인은 그에게 안정을 주는 동시에 그를 제약하였던 전 근대적인 사회의 여러 구속에서는 해방되었지만, 그의 개인적 자아의 실현이라는 적극적 의미에서의 자유는 아직 획득하지 못했다. 그것은 즉 개인의 지적, 정서적 및 감각적인 여러 능력의 표현을 말한다. 자유는 비록 근대인에게 독립과 합리성을 부여하기는 했지만, 한편 근대인을 고립시킴으로써 불안하게 하고 무력하게 만들었다. 이러한 고립은 견딜 수 없는 것이기에, 근대인의 자유라는 무거운 짐에서 도피하여 새로운 의존물과 복종을 추구하느냐 아니면 인간의 독자성과 개성에 기초한 적극적인 자유의 충분한 실현을 위해 전진하느냐 하는 양자택일의 처지에 직면하게 되었다.

— 에리히 프롬 〈자유에서의 도피〉

〈문제〉 제시문(가)에 나타난 무스타파 몬드의 진보관에 대해서 제시문(나)를 참조하여 자신의 생각을 논술하시오.

다락원 명작노트 013

멋진 신세계

펴낸이 정효섭
펴낸곳 (주)다락원

초판 1쇄 발행 2006년 11월 15일
초판 2쇄 발행 2007년 3월 21일

책임편집 안창열, 김지영
디자인 손혜정, 박은진
번역 마도경
삽화 손창복

다락원 경기도 파주시 교하읍 문발리 509-1
Tel:(02)736-2031 Fax:(02)732-2037
(내용문의: 내선 410/구입문의: 내선 113~114)
출판등록 1977년 9월 16일 제300-1977-23호

Copyright ⓒ 2006, 다락원

출판사의 허락 없이 이 책의 일부 또는 전부를
무단 복제·전재·발췌할 수 없습니다.
잘못된 책은 바꿔 드립니다.

값 8,500원

ISBN 89-5995-128-5 43740
      978-89-5995-128-4 43740

영어 독해력 증강 프로그램
행복한 명작 읽기

〈행복한 명작 읽기〉는 기초가 약한 영어 초급자나 초, 중, 고 학생들이
보다 즐겁고 효과적으로 명작들을 읽으며 독해력을 키울 수 있도록 개발된
독해력 증강 프로그램입니다.

국판 | **Grade 1, 2, 3** 각권 **6,000원**(오디오 CD 1개 포함)
Grade 4, 5 각권 **7,000원**(오디오 CD 1개포함)
*어린왕자 **8,000원**(오디오 CD 2개 포함)
고도를 기다리며 **9,000원(오디오 CD 2개 포함)

책의 특징

1 골라 읽는 재미가 있다. 초보자를 위한 350단어 수준에서 중고급자를 위한 1,000단어 수준까지 5단계 구성.
2 단계별로 효과적인 영어 읽기 요령과 영문 고유의 참맛을 느낄 수 있는 장치가 곳곳에.
3 읽기만 해도 영어의 키가 쑥쑥 - 해석을 돕는 돼지꼬리(⌒), 영어표현 및 문법 설명, 퀴즈가 왕창.
4 체계적인 듣기 학습까지. 전문 미국 성우들의 생동감 넘치는 원음을 담은 오디오 CD 제공.

Grade 1 Beginner	**Grade 2** Elementary	**Grade 3** Pre-intermediate	**Grade 4** intermediate	**Grade 5** Upper-intermediate
350words	**450**words	**600**words	**800**words	**1000**words
1 미녀와 야수	11 이솝 이야기	21 톨스토이 단편선	31 오페라 이야기	41 센스 앤 센서빌리티
2 인어공주	12 큰 바위 얼굴	22 크리스마스 캐럴	32 오페라의 유령	42 노인과 바다
3 크리스마스 이야기	13 빨간머리 앤	23 비밀의 화원	33 어린 왕자*	43 위대한 유산
4 성냥팔이 소녀 외	14 플랜더스의 개	24 헬렌 켈러, 나의 이야기	34 돈키호테	44 셜록 홈즈 베스트
5 성경 이야기 1	15 키다리 아저씨	25 베니스의 상인	35 안네의 일기	45 포 단편선
6 신데렐라	16 성경 이야기 2	26 오즈의 마법사	36 고도를 기다리며**	46 드라큘라
7 정글북	17 피터팬	27 이상한 나라의 앨리스	37 투명인간	47 로미오와 줄리엣
8 하이디	18 행복한 왕자 외	28 로빈 후드	38 오 헨리 단편선	48 주홍글씨
9 아라비안 나이트	19 몬테크리스토 백작	29 80일 간의 세계 일주	39 레 미제라블	49 안나 카레니나
10 톰 아저씨의 오두막	20 별 | 마지막 수업	30 작은 아씨들	40 그리스 로마 신화	50 나에겐 꿈이 있습니다 -명연설문 모음

쉬운 영문을 통해 영어 독해에
대한 막연한 두려움을 없앤다

왕초보 기초다지기

실력에 맞게 효과적으로 끊어
읽으며 직독직해 훈련을 한다.

실력 굳히기

영문판 원서 도전을 위한
전 단계의 준비과정이다.

영어의 맛
제대로 느끼기